Grundausbildung mit dem Clicker

SITZ mit Hochsehen 26
180°-Kehrt und Wenden 30
PLATZ in allen Variationen 32
Ablage unter Ablenkung 36
Kommando STEH 38
Spaßpark 40

Alltag mit dem Clicker

Beim Gassigehen 44
Im und ums Auto 46
Zu Hause 48
Allerlei Lustiges 50
VORAN mit Hinlegen 52
Dinge tragen 54
Koffer bringen 56

SPEZIAL — Freudiges FUSS-Gehen 28

Klick-Klack-klar: Das kleine Einmaleins des Hundelebens. So macht ihrem Hund der Grundgehorsam Spaß.

SPEZIAL — Apport über die Hürde 58

Apportieren, sicher eine der komplexesten Übungen für den Hund – einfach und spielerisch „hingeclickt".

Inhalt

2 | Der Weg zum Traum-Team

Positives Training

Alltagstauglich, gesellschaftsfähig, gehorsam und lieb, so wünschen Sie sich Ihren Vierbeiner. Doch kein Hund wird als Traumhund geboren – dazu müssen Sie ihn erziehen.

Ein harmonisches Mensch-Hund-Team funktioniert durch die richtige Kombination aus Verständigung, Respekt, Vertrauen und Konsequenz. Die Bindung und die Boss-Frage sind die Basis für die Erziehung.

Ich bilde Hunde liebevoll, spielerisch und konsequent aus und mache so beste Erfahrungen. Erfolge vieler Teams in Kursen nach meiner Ausbildungsmethode und meines Hundes Othello sprechen für sich. Der Clicker hat uns dabei geholfen.

Das Prinzip: Sie lernen, Ihrem Hund freudig zu zeigen, was Sie von ihm wollen. Er lernt, welches Verhalten erwünscht ist und welches nicht. Entscheidend ist das Lob, der Click, im richtigen Moment.

Eine positive Grundeinstellung, Geduld und die Bereitschaft zu lernen, „wie ein Hund lernt", führen Sie zum Erfolg und Ihr Tier wird durch die Beschäftigung ausgeglichen. Das positive Training vertieft Ihre Bindung und Sie und Ihr Hund werden ein glückliches, sicheres Team.

4 | Der Weg zum Traum-Team

Reine Zwangserziehungsmethoden bei Hunden sind längst überholt, was nicht Verzicht auf Konsequenz bedeutet. Mit dem Clicker allein wurde noch kein Hund erzogen.

Aus der Verhaltensforschung kommt dieses effektive Hilfsmittel – ein Lobverstärker. Er eröffnet uns ein vielseitiges und positives Hundetraining. Probieren Sie es aus!

Othello, bis zum Schutzhund 3 „geclickt". Das ruhige Halten des Bringholzes – mit dem Clicker gelernt.

Clicker und Grundlagen

8   Die kleine großartige Hilfe

10 Der Clicker ist kein Zaubermittel

12 Warum clickern?

14 Wie, was, wen clickern?

SPEZIAL 16 Der Hund lernt den Clicker kennen

18 Das Training gestalten

20 Sicht- und Hörzeichen

22 Neues lernen

8 | Clicker und Grundlagen

Die kleine großartige Hilfe

Ursprünglich kommt der Clicker aus dem Training mit Delfinen. Er ist ein kleiner Signalgeber mit gleichbleibendem Geräusch.

Clicker-Modelle

Gleichgültig welches Clicker-Modell – ob einfach oder hightech – Sie sich aussuchen, der Funktionsmechanismus ist immer gleich. Im Grunde ist der Clicker ein „Knackfrosch", den Sie vielleicht noch aus Ihrer Kindheit kennen. In einer Plastikbox von der Größe einer halben Streichholzschachtel ist ein federndes Metallplättchen befestigt, das mit dem Daumen durchgedrückt wird. Dabei entsteht das Geräusch: Klick-Klack (genannt: Click).

Inzwischen sind die verschiedensten Clicker-Modelle auf dem Markt. Wichtig ist, dass Sie immer mit dem gleichen Clicker arbeiten, denn jeder erzeugt ein anderes Geräusch. Diese Clicks wird Ihr Hund lieben, weil er lernt zu verknüpfen, dass danach immer ein Leckerchen folgt. Für den Hund bedeutet das: Click = Leckerchen kommt gleich. Man könnte den Click auch als eine kleine Lobmaschine beschreiben.

Folgende Zeichen verwenden wir in diesem Buch:
▶ Für Click, ein Glöckchen: 🔔
▶ Für Leckerchen, eine Wurst: 🌭
▶ Für Lob, ein Herz: ♥

🔔🌭♥ *bedeutet: richtig gemacht, Sie clicken, Leckerchen und Lob folgen.*

Lernen aus Konsequenzen

Hunde lernen aus den Konsequenzen, die auf ihr Verhalten folgen und begreifen dadurch, welches Verhalten belohnt wird und welches nicht erwünscht ist. Unsere Vierbeiner sind Opportunisten und die meisten auch sehr verfressen. Das erleichtert Ihnen die Ausbildung. Hunde dürfen keinesfalls unterschätzt werden, denn sie lernen sehr schnell, darunter auch Vieles, das Sie sich bei Ihrem Hund nicht wünschen, aber immer wieder versehentlich oder unbewusst bestätigen.

▶ **Viele Wiederholungen:** richtig belohnte Aktionen führen Sie und Ihren Hund zum Ziel. Bei der Ausbildung mit dem Clicker wird ständig belohnt, deshalb macht es Hunden so viel Spaß.

Beispiel:
▶ Der Hund setzt sich spontan hin: 🔔🌭♥.
▶ Der Hund lernt: „Aha, das Verhalten ist erwünscht, es gibt eine Belohnung."
▶ Bellt er Sie an, um Aufmerksamkeit zu bekommen,

Für penetrante Bellerei gibt's nichts, Frauchen ignoriert eisern.

Die kleine Hilfe

erhält er kein Click und kein Leckerchen. Er wird ignoriert, denn schon mit ihm zu schimpfen wäre sein Erfolg.
▶ Hört er auf zu bellen, folgen 🍀 C ♥ . Eine Belohnung gibt es hier also für das „Klappe halten".
▶ Folgerung für den Hund: „Dies muss ich tun, damit ich ein Leckerchen bekomme."
▶ Ein liebevoller Umgang mit dem Hund bedeutet nicht Verzicht auf Konsequenz. Aber was heißt das eigentlich ganz genau, konsequent sein?

SMART – Damit Sie wenig korrigieren müssen

› **Fehlverhalten** ist möglichst zu verhindern, z. B. durch die Ablenkung mit Spiel oder mit einem rechtzeitigen Kommando. Dann hat der Hund Aussicht auf eine Belohnung.
› **Kommandos** muss er erst lernen, das heißt, zigmal üben, bis er sie wirklich beherrscht. Erst dann können sie abverlangt werden!
› **Geben Sie besser kein** Kommando ohne Aussicht auf Erfolg. Dadurch halten Sie die ganze Erziehung des Hundes auf einem fairen und positiven Niveau.

Beispiel:
▶ Sie rufen Ihren Hund draußen mit KOMM. Vorausgesetzt er weiß, was KOMM bedeutet. Wie oft rufen Sie?
▶ Kommt er wirklich, nur ein Stück, überhaupt nicht?
▶ Also rufen Sie zigmal KOMM. Das bedeutet, dass Sie lediglich konsequent rufen – und sonst nichts.
▶ Was lernt der Hund: „Aha, die brüllt dahinten, gut, dann weiß ich ja wo sie ist." Konsequent zu sein bedeutet, etwas abzuverlangen, das der Hund kann, mit den entsprechenden Folgen: Belohnung beim Richtigmachen, keine Belohnung oder artgerechte Korrektur, wenn es falsch war. ●

10 | Clicker und Grundlagen

Der Clicker ist kein Zaubermittel

Der wichtigste Teil bei der Hundeerziehung ist immer noch der Mensch. Es liegt an Ihnen, denn ohne Bindung zwischen Zwei- und Vierbeiner geht nichts. Die Bindung fördern Sie durch gemeinsame tolle Erlebnisse: Unternehmen Sie Abenteuerspaziergänge, auf Baumstämme klettern, ein Stück rennen, baden gehen. Geben Sie ihm Aufgaben, wie etwas tragen oder suchen. Und spielen Sie mit Ihrem Hund.

Motivation durch Spiel und Futter

Spielen heißt nicht nur Stöckchen und Bälle werfen.
▸ **Spielen Sie** artgerechte Beutespiele. Super geeignet sind ein Ball an einer Schnur oder einen Beißwulst.
▸ **Machen Sie** sich mit Spielzeug interessant: rennen

„Spiel und Stopp" fördert die Konzentration des Hundes und er lernt das AUS-Geben.

Sie damit weg, lassen Sie ihn hineinbeißen, zerren Sie mit ihm auf seiner Höhe und hin und her – nicht auf und ab, dies kann die Halswirbelsäule schädigen. Beute bietet sich nie an, sondern sie bewegt sich. Überlassen Sie auch einmal dem Hund das Spielzeug, die „Beute". Auf diese Weise spielen Sie „Beutestreiten", wie es die Hunde untereinander tun.
▸ **Trainieren Sie** „Spiel und Stopp", indem Sie verharren und dazu die gespreizte Hand zeigen, das Zeichen für BLEIB. Der Hund lernt spielerisch, sich zu konzentrieren und fast automatisch auch das AUS-Geben.
▸ **Als Belohnung** geht das Spiel wieder weiter.
▸ **Sie beginnen** immer das Spiel und Sie beenden es auch wieder. Beim Zerrspiel sind am Ende immer Sie der Sieger. Beenden Sie stets das Spiel, bevor Ihr Hund

keine Lust mehr hat und legen Sie lieber öfter kurze Spieleinheiten ein.
▸ **Lassen Sie** das Lieblingsspielzeug nicht einfach herumliegen, sonst wird es schnell uninteressant.
▸ **Genau** wie mit dem Spielzeug können Sie den Hund auch mit Futter motivieren. Lassen Sie ihn daran riechen und rennen Sie weg. Folgt er Ihnen freudig, bekommt er die Belohnung.

Bindung

Gemeinsame Erlebnisse machen riesig Spaß und fördern die Bindung. Ihr Hund muss Sie einfach toll finden. Zuneigung zeigen ist für die Bindung sehr wichtig. Das heißt nicht, dass Sie 24 Stunden das Füllhorn Ihrer Liebe über den Hund ausschütten. Aber streicheln Sie ihn und knuddeln Sie ihn ruhig öfter. Dies und auch die Fellpflege sind gut fürs Vertrauen und Aufbau und Festigung der Bindung.

Sie sind der Boss

Hunde sind hochsozialisierte Rudeltiere. Hunde brauchen Hierarchie, sie gibt soziale Sicherheit und Halt. Die Rangordnung muss klar sein. Sie sind der Boss im Familienrudel und treffen die Entscheidungen für den Hund, und er wird sich gern einordnen. Seien Sie immer konsequent, Ihr Hund kann

Haben Sie das Zeug zum Boss?

› **Bleiben Sie** in schwierigen Situationen ruhig, fair und angemessen?
› **Strahlen Sie** Souveränität und Sicherheit aus?
› **Können Sie** Ihren Hund lesen und Situationen richtig einschätzen?
› **Orientiert** sich Ihr Hund an Ihnen?
› **Bestimmen Sie**, wann gefressen wird?
› **Bestimmen Sie**, wann und wie lange gespielt wird?
› **Bestimmen Sie**, wann es Gassi geht und welche Richtung Sie einschlagen?

Zuneigung und Liebe fördern das Vertrauen.

Sie sonst nicht als Boss akzeptieren. Liebevoller, artgerechter und konsequenter Umgang macht Sie zu seinem begehrtesten Spielpartner. Er braucht Sozialkontakte mit anderen Hunden, die soll er auch haben. Aber bitte spielen Sie nicht den Chauffeur, der täglich den Hund zur Spielwiese fährt. Dort rennt er dann vergnügt eine Stunde mit seinen Kumpels herum und beachtet Sie nicht. Es folgt die Heimfahrt, das Servieren der Mahlzeit, danach „arbeitsloses Herumliegen". Was bleibt, ist in solchen Fällen nur die Vorfreude auf die nächste Runde mit den Kumpels – und Ihr Ziel ist verfehlt. Besser ist es, wenn Sie den Hund beim Rennen mit seinen Artgenossen öfter zu sich heranrufen, kurz mit ihm spielen und ihn dann mit dem Freigabekommando LAUF wieder zur Gruppe entlassen. ●

Grenzen des Clickers

Clicker und Grundlagen

Warum clickern?

Sie fragen sich, ich könnte doch einfach mit Worten loben. Stimmt! Aber egal ob sie „toll", „prima", „jawohl", „schön" oder „super" sagen, es wird sich jedes Mal anders anhören und mit Emotionen verbunden sein. Viele Worte werden auch durch den Alltagsgebrauch „abgenutzt".

„Click" heißt richtig

Das immer gleiche, knackige, kurze Geräusch des Clickers hat einen großen Wiedererkennungswert. Hunde reagieren stark auf dieses Geräusch. Es ist einfacher zu verstehen als viele Worte. Der Hund lernt ohne Schnörkel: Click heißt: richtig – Leckerchen folgt. Mit dem Leckerchen geben Sie Ihr Lobwort dazu. Er wird schon bald anfangen, von sich aus Verhalten zu zeigen, für das er bereits geclickt wurde, um wieder ein Click mit Leckerchen zu erhalten.

Das Timing – der springende Punkt

Der richtige Moment für Lob, das Timing, ist alles entscheidend. Innerhalb einer halben Sekunde muss der Hund für die gewünschte Aktion bestätigt werden, um diese als „richtig" zu verknüpfen. Der Clicker ermöglicht Ihnen dabei ein ganz exaktes Arbeiten.

Beispiel:

▶ Mit Clicker: Er legt sich von sich aus vor Sie hin, dafür gibt's ein Click und ein Leckerchen folgt. Der Hund hat gelernt, dass sich hinzulegen einen Click und dann ein Leckerchen bringt.

▶ Ohne Clicker müssten Sie sehr genau darauf achten, dass Sie ihn sofort in der Platzposition loben und füttern, nicht erst, wenn er schon wieder aufsteht. Der Hund hätte sonst gelernt: „Fürs Aufstehen bekomme ich ein Leckerchen."

„Wo loben" ist genauso wichtig

Möchten Sie den Hund für PLATZ loben, müssen Sie

Für SITZ gibt's das Leckerchen in der Höhe der Hundeschnauze, für PLATZ unten in der Platzposition.

ihm am Boden in der Platzposition das Leckerchen geben. Möchten Sie SITZ loben, dürfen Sie das Leckerchen nicht zu hoch halten, sonst verleiten Sie ihn zum Hochspringen und bestätigen dies versehentlich.

Lob gleich Freigabe

Nach dem Lob mit „Click und Leckerchen" folgt die Freigabe. Ein kurzes Spiel oder Streicheln lockert den Hund auf – diese kurzen

Zukunftsvorteil sichern

Den großen Vorteil des Clickers machen Sie sich vor allem später, beim fortgeschrittenen Hund, zu Nutze.

› **Beim Apportieren** und bei Übungen auf Distanz bestätigen Sie einige Schritte entfernt mit Click richtige Aktionen.

› **Der Hund** hat dann schon gelernt: „Click heißt richtig, weiter so, Leckchen kommt nach." Wenn auch etwas später.

› **Loben Sie** auf Distanz verbal, ist die Gefahr groß, dass der Hund das Lob mit der Freigabe verbindet und er die Übung selbstständig abbricht.

Distanzkontrolle: SITZ, PLATZ, STEH auf Entfernung (OB).

Pausen sind sehr wichtig. Um weiter zu trainieren, brauchen Sie erneut die Aufmerksamkeit Ihres Hundes und motivieren ihn dafür erneut. Später wird ein ausgeführtes Kommando nur kurz bestätigt und die nächsten Übungen folgen. Nun folgt erst nach einigen Übungen die Freigabe.

Konzentration üben

Nach dem Click haben Sie noch kurz Zeit, bis Sie das Leckerchen hervorholen und geben. Diese kurze Wartephase trainiert die Konzentration des Hundes auf Sie, nicht nur auf das Leckerchen in Ihrer Hand, denn dies ist sehr wichtig. ●

Warum clickern?

Clicker und Grundlagen

Wie, was, wen clickern?

Der Clicker wird kurz gedrückt, sodass er Klick-Klack macht. Probieren Sie dies erst einmal ohne den Hund in der Nähe aus. Benutzen Sie kleine Leckerchen, die gut zu schlucken sind. Gerade am Anfang eignen sich besonders schmackhafte Happen, wie Käse-, gekochte Schinken- oder gekochte Hühnerfleischwürfel, vor allem kein Trockenfutter. Stellen Sie beim Training immer Wasser bereit. Ziehen Sie die Leckerchen von der täglichen Futtermenge ab, damit Ihr Hund schlank bleibt.

Wie clickern?

Clicken Sie nur einmal während eines gewünschten Verhaltens – genau im richtigen Moment. Geben Sie dann das Leckerchen und loben dazu. Nach jedem Click folgt ein Leckerchen. Das gilt immer. Sämtliche gewünschte Aktionen und deren Ansätze werden geclickt.

Was clickern?

Ihr Hund läuft schön dicht bei Ihnen; er springt den Besuch nicht an; er sitzt, wenn Sie jemanden begrüßen; er sieht Sie an; er hört auf zu bellen oder an der Leine zu zerren; er trägt etwas; er hebt die Pfote oder zeigt ein Kunststück. Sie clicken alles was Ihnen gefällt. All diese Aktionen zeigt der Hund von sich aus ohne Kommando, dieses wird er erst später kennen lernen. Sie werden feststellen, wie der Hund auf diese Weise das „Wollen" lernt. Er wird sich mehr und mehr anbieten und so aktiver Partner in der Ausbildung.

▶ **Kann ein Hund** eine Übung schon ganz gut, wird nicht mehr jede Aktion geclickt, sondern nur noch die besonders gute oder richtig schnelle. Generell gilt, je neuer die Übung für den Hund ist, desto schneller muss das Leckerchen auf den Click folgen. Strecken Sie dann die Zeit zwischen Click und Leckerchen im Laufe der Ausbildung. Bei Distanzübungen ergibt sich dies von selbst, denn der Hund erhält das Leckerchen bei Ihnen. Bis dahin muss er gelernt haben: Click = richtig, Leckerchen kommt auf jeden Fall, aber nicht sofort.

▶ **Sind Sie sich** mit dem Timing des Clickens noch nicht sicher, können Sie auch eine Hilfsperson, die dies beherrscht, clicken lassen. Der Hund erkennt das Geräusch unabhängig von der anderen Person sofort wieder. Die Belohnung erfolgt dann von Ihnen.

Die „Guten-Tag-Übung". Beide Hunde sitzen schön ab.

Schwierig: Abruf aus dem Spiel, dafür gibt's den Jackpot.

Der Clicker ist kein Lockmittel!

Sie haben bemerkt, dass der Hund auf den Clicker gut reagiert. Machen Sie bitte nicht den Fehler, den Hund durch den Clicker zu rufen. Es verleitet sehr, aber Clickern funktioniert genau anders herum! Es werden nur gewünschte Aktionen geclickt. Es gibt keinen Click, um die Aufmerksamkeit des Hundes bekommen.

Wen clickern?

Jeder Hund kann geclickt werden, vom Welpen bis zum Senior, auch Umsteiger aus anderen Trainingsmethoden. Alter und Ausbildungsniveau spielen dabei keine Rolle, vorausgesetzt, der Hund weiß, was Click bedeutet. Er muss auf den Clicker konditioniert worden sein. Sehen Sie nun, wie es geht. ●

Kommen mit Click bestätigen

› **Sie gehen** mit dem Hund Gassi und er kommt von selbst zu Ihnen. Sie clicken dafür und geben Leckerchen und loben. Der Hund lernt, dass es einen Click und Leckerchen gibt, wenn er zu Ihnen kommt. Er kommt gerne.

› **Kennt** er das Kommando KOMM, rufen ihn damit. Clicken Sie, wenn er einige Schritte auf Sie zuläuft (richtige Ansätze clickern) oder bei Ihnen angekommen ist. Dann gibt es auch das Leckerchen und Lob.

› **Kommt er** trotz großer Ablenkung, clicken Sie und er erhält zur Belohnung den Jackpot, d.h. alle Leckerchen, nicht mehrere Clicks!

Was clickern?

SPEZIAL 16 | Clicker und Grundlagen

Der Hund lernt den
Clicker kennen

Jetzt ist Ihr Hund an der Reihe. Er hört das Click zum ersten Mal und es ist ganz wichtig für ein erfolgreiches und stressfreies Training, dass er mit dem Geräusch des Clickers ausschließlich angenehme Erfahrungen macht.

Am besten fangen Sie dann an, wenn Sie ungestört und ohne jede Ablenkung sind, z. B. durch andere Hunde, spielende Kinder oder Besuch. Falls Ihr Hund geräuschempfindlich ist, achten Sie darauf, dass Sie nicht gleich in direkter Nähe seines Kopfes clicken. Gewöhnen Sie ihn anfangs schrittweise an das laute CLICK, indem Sie zuerst in der Jackentasche clicken und dann hinter Ihrem Rücken. Bereiten Sie nun eine Schüssel mit extra leckeren Futterstückchen vor: gekochten Schinken-, Käse- oder gekochten Hühnerfleischwürfeln. Die Happen sollen auf jeden Fall gut duften und leicht hinunterzuschlucken sein, damit er sich nicht lange mit Kauen aufhält. Dies ist auch das einzige Mal in der Clickerausbildung, bei dem der Hund ohne Aktion Click und Leckerchen bekommt. Jetzt lernt er nur zu verknüpfen: „Click ... aha ... da bekomme ich etwas zu futtern."

① ◀ **Konditionierung** So konditionieren Sie Ihren Hund auf den Clicker: Gehen Sie in die Nähe des Hundes, setzen Sie sich auf den Boden oder in die Hocke. Fangen Sie an zu clicken. Sagen Sie nichts! Schauen Sie den Hund auch nicht direkt an! Egal was der Hund gerade macht, nach jedem Click bekommt er ein Leckerchen. Wiederholen Sie diesen Ablauf einige Male, ein paar Minuten lang. Click-Leckerchen-Click-Leckerchen- 🌲C 🌲C 🌲C 🌲C 🌲C 🌲C 🌲C ...

▶ **Richtig verknüpfen** Damit der Hund nicht Ihre Hockstellung mit dem Click-Leckerchen verknüpft, clicken Sie auch im Stehen, im Haus, im Garten usw. Halten Sie das Leckerchen nicht schon während des Clickens in der Hand. Wiederholen Sie den Konditionierungsvorgang mit einer Dauer von ungefähr drei Minuten einige Male, verteilt an zwei bis drei Tagen. Test: Schaut Ihr Hund kurz weg, clicken Sie. Wenn er Sie jetzt erwartungsvoll anschaut, hat er kapiert, worum es geht.

Ab jetzt gibt es nie wieder für nichts ein Leckerchen!

◀ **Die Umsetzung** Nun gehen Sie dazu über, den Clicker für seinen eigentlichen Zweck einzusetzen. Zeigt Ihr Hund eine Aktion, die Ihnen gefällt, wie zum Beispiel das Heben der Pfote, gibt es ▲ C ♥. So einfach ist es.
Clicken Sie immer wieder, wenn der Hund Sie anschaut. Das Hochsehen ist sehr wichtig. Dadurch ist er auf Sie konzentriert und kann Sichtzeichen überhaupt erst wahrnehmen. Für die meisten Hunde sind Sichtzeichen einfacher zu verstehen als Hörzeichen.

Kennen lernen

Das Training gestalten

Sie haben gelernt, den Hund mit Futter und Spielzeug zu motivieren und im richtigen Moment zu clicken. Ihr Hund hat gelernt, dass CLICK Leckerchen und Lob bedeutet. Nun starten Sie mit dem Training. Fangen Sie langsam an und finden Sie das richtige Trainingsmaß, um erfolgreich zu sein.

So wird trainiert

Durch viele Wiederholungen mit positiver Bestätigung lernt Ihr Hund mit der Zeit, die Übungen sicher zu beherrschen – er lernt Kommandos mit Aktionen zu verknüpfen. Dazu brauchen Sie Zeit und Geduld. Das A und O dabei: Die Aufmerksamkeit des Hundes zu bekommen. Dazu wird er mit Futter oder Spielzeug motiviert.

Wo wird trainiert?

Das Umfeld muss stimmen! Erfolgreich sind Sie nur bei besten Bedingungen. Zuerst wird jede Übung ungestört – ohne Ablenkung – zu Hause trainiert. Läuft dies gut, trainieren Sie draußen ohne Ablenkung. Erst wenn der Hund drinnen und draußen sicher ist, können Sie den Schwierigkeitsgrad steigern und mit Ablenkung üben.

Wie oft und wie lange trainieren?

Kurze Trainingseinheiten sind viel effektiver als eine Stunde Training nur einmal in der Woche. Üben sie am besten zweimal am Tag jeweils fünf Minuten lang.

Trainingsplanung

Überlegen Sie sich vorher, was Sie trainieren wollen und worauf Sie besonderen Wert legen. Machen Sie sich Notizen, was gut klappt, woran noch gearbeitet werden muss und was neu ist. Sie können nie alles Gelernte gleichmäßig trainieren. Setzen Sie Schwerpunkte. Vergessen Sie nicht die Selbstkontrolle: Strahlen Sie Sicherheit aus? Machen Sie auch einmal Trockenübungen ohne Hund.

▸ **Vor dem Training** wird der Hund ausgeführt, damit er sich lösen kann und aufge-

Schwierig: Ablage unter starker Ablenkung.

wärmt ist. Sportler sprinten auch nicht „kalt" los.

▸ **Schließen Sie** Ihre Jacke beim Training. Es stört Ihren Hund, wenn er freudig hochsehen soll und ihm die Jacke ins Gesicht baumelt.

▸ **Mit vollem Bauch** trainiert es sich schlecht, das gilt für Hund und Hundeführer.

▸ **Gute Laune und Geduld** Trainieren Sie nur, wenn Sie guter Laune sind. Ihre Stimmung überträgt sich auf den

Zur Belohnung: ausgelassenes Beutespiel.

> **SMART — Wenn es nicht klappt**
>
> › **Kein Click,** kein Leckerchen.
> › **Bleiben Sie** stets fair und überlegen Sie, ob Ihr Hund verstehen konnte, was Sie von ihm erwartet haben. Überdenken Sie die Situation.
> › **Probieren Sie** noch einmal, diesmal besser. Loben Sie schon den kleinsten richtigen Ansatz, so bekommt Ihr Hund wieder Sicherheit.
> › **Hat Ihr Hund** allerdings gerade seine Ohren auf „Durchzug" gestellt oder einfach keine Lust, müssen Sie sich durchsetzen.
> › **Schließen Sie** das Training immer positiv ab, also mit einer Übung, die er auf jeden Fall kann.

Hund. Schlecht gelaunt oder unter Zeitdruck kommt bestimmt nichts Gutes dabei heraus. Es bringt nur Frust – das verdient Ihr Hund nicht.

▸ **Nehmen Sie Rücksicht** auf Ihren Hund. Beachten Sie seine Eignung, Konstitution, Größe und Mentalität. Trainiert wird nur, wenn er gesund ist, bei hohen Temperaturen hat er hitzefrei.

▸ **Zeigt der Hund** eine perfekte Aktion, bitte ausgiebig loben und – wichtig – nicht wiederholen, denn es kann nur schlechter werden. Gehen Sie zu einer anderen Übung über. Achten Sie auf Qualität nicht auf Quantität.

▸ **Das richtige Mittelmaß** macht's. Trainieren Sie nicht zu viel und nicht zu wenig. Überfordern Sie Ihren Hund nicht. Bauen Sie die Übungen schrittweise auf, je nachdem über Wochen, Monate oder gar Jahre.

▸ **Genießen Sie** die kostbare Zeit mit Ihrem Hund und haben Sie Spaß und Freude dabei. ●

Trainingsgestaltung

Sicht- und Hörzeichen

Über die Körperhaltung, Mimik, Tonlage und Lautstärke der Stimme können Sie sich verständlich machen. Hunde verstehen unsere Sprache nicht, sind aber sehr empfindsam und lernen schnell, was Sie ausdrücken wollen.

Verständigung

Damit es keine Missverständnisse gibt, sollten Sie die Grundlagen der Hundesprache kennen. Die „Sprache" der Vierbeiner besteht aus einer Vielzahl oft feiner Signale, die sie mit Hilfe ihres Körpers, des Gesichts, der Ohren, der Rute, über Laute und Bewegungen aussenden (Seite 60).

Damit Sie Ihren Hund besser verstehen

Gähnen, Pfote heben, über den Fang lecken, Abwenden des Kopfes, am Boden schnüffeln und einen Bogen machen, das sind so genannten Beschwichtigungssignale der Hunde. Das Wedeln mit der Rute bedeutet nicht nur Freude, es kann auch wie eine „Weiße Fahne" zum Beschwichtigen eingesetzt werden. Macht der Hund sich groß und hat die Rute richtig hoch gestellt, ist dies eine Dominanzgeste. In Kombination mit anderen Signalen kann sich die Bedeutung jedoch schnell ändern. Durch das Erkennen und richtige Deuten dieser Gesten können Sie Gefahren vermeiden und rechtzeitig Situationen entschärfen.

Sicht- und Hörzeichen einführen

Der Hund hat gelernt, dass er für CLICK etwas tun muss und er beginnt, spontan Verhalten zu zeigen, die ihm Clicks eingebracht haben. Nun ist es an der Zeit, entsprechende Kommandos dazu einzuführen. Einen CLICK gibt es, wenn er die gewünschte Aktion auf ein Kommando zeigt. Ignorieren Sie ihn, wenn Sie das Kommando nicht gegeben haben. Sonst setzt er sich ständig vor Sie hin, um Leckerchen zu bekommen. Dann würde er Sie erziehen – als seinen Futterautomaten.

▶ **Egal,** ob der Hund nun ein Verhalten spontan zeigt oder Sie ihn mit Hilfe eines Leckerchens in die gewünschte Position bringen, Sie müssen Sicht- und Hörzeichen dazu einführen. Im Kasten finden Sie die bewährten, die für den Hund gut zu verstehen sind. Sagen Sie die Kommandos ohne

Was die meisten Hunde nicht mögen

Hunde mögen es nicht, wenn man sie von oben über den Kopf, Fang und Hals streicht, sie anstarrt, sich zu ihnen vornüberbeugt und schnell und direkt auf sie zugeht.

Der Hund empfindet diese Handlungen alle als bedrohliche Gesten. Gerade das Vornüberbeugen irritiert ihn sehr. Es deutet dies als eine Drohhaltung (siehe rechts, PLATZ).

Die bewährten Sichtzeichen für SITZ, PLATZ und STEH.

den Namen des Hundes davor, beispielsweise nur SITZ.

▶ **Wenn Sie andere Sichtzeichen** wählen, achten Sie darauf, dass diese sich klar voneinander unterscheiden. Verwenden Sie für eine Übung immer das gleiche Sichtzeichen und sprechen Sie das dazugehörige Hörzeichen immer gleich aus. Probieren Sie auch ohne Hund, wie es für Sie am einfachsten ist. Variieren Sie einmal nur Sichtzeichen, einmal nur Hörzeichen. Dazu muss der Hund Sie allerdings ansehen.

 Kommandos

▶ **SITZ**
Sichtzeichen: Arm stark angebeugt, der Zeigefinger geht hoch. Die Körperhaltung ist gerade, das Becken rückt etwas vor. Ihre Spannung überträgt sich auf den Hund. Hörzeichen gleichzeitig dazu: SITZ, schön freundlich ausgesprochen, Betonung auf dem „i".

▶ **PLATZ**
Sichtzeichen: Arm nach unten, Handfläche zeigt zum Boden. Nicht Vornüberbeugen. Zuerst mit nach unten in die Hocke gehen, später aufrecht stehen. Hörzeichen gleichzeitig dazu: PLATZ, deutlich differenzieren zu dem Kommando SITZ. Die Tonlage etwas tiefer, Betonung auf "atz".

▶ **STEH**
Sichtzeichen: Arm angebeugt, Handfläche zeigt zum eigenen Bauch. Hörzeichen gleichzeitig dazu: STEH, ruhig ausgesprochen.

Sicht-/Hörzeichen

22 | Clicker und Grundlagen

Neues lernen

Auch bei neuen Übungen gilt immer das gleiche und einfache Prinzip: Entweder zeigt der Hund spontan ein Verhalten oder Sie helfen ihm mit Futter oder Spielzeug. Schritt für Schritt zeigen Sie ihm, was Sie von ihm wollen. Wenn er verstanden hat, führen Sie Sicht- und Hörzeichen dazu ein. Richtige Aktionen und Ansätze werden geclickt, wie folgende Beispiele zeigen.

Pirouette auf Kommando

1. Möglichkeit:
▸ Der Hund zeigt das Verhalten spontan. Er dreht sich. Während er sich dreht: ▸C♥. Clicken Sie dieses Verhalten nun einige Male.
▸ Führen Sie dann Sicht- und Hörzeichen dazu ein. Während er sich dreht, zeigen Sie mit der Hand eine Kreisbewegung und sagen z. B. PIRO. ▸C♥ folgen.

2. Möglichkeit
▸ Sie nehmen ein Leckerchen in die Hand und zeigen es ihm mit einer Kreisbewegung. Verfolgt er Ihre Hand mit dem Leckerchen und dreht sich, folgt ▸C♥.
▸ Führen Sie nach ein paar Wiederholungen Sicht- und Hörzeichen dazu ein (wie in Möglichkeit 1).
▸ Während der Hund sich dreht, zeigen Sie mit der Hand eine Kreisbewegung und sagen z. B. PIRO. ▸C♥ folgen.
▸ Mit etwas Geduld lernt er so auf das Kommando PIRO mit Handbewegung, sich zu drehen. Diese lustige Übung können Sie vor, neben oder hinter sich probieren.

Treppe

▸ Ihr Hund soll auf die Treppe gehen. Zeigen Sie ihm mit oder ohne Futter in der Hand, was Sie von ihm erwarten.
▸ Dazu sagen Sie z. B. GEH DRAUF. Clicken Sie jede richtige Aktion – auch schon deren Ansätze.
▸ Mit der Bestätigung geben Sie ihm Sicherheit. Wenn Sie das GEH DRAUF in einer anderen Situation brauchen, kennt er es schon und wird sich leichter tun. Ihr Hund bekommt immer mehr Vertrauen und Sie selbst erleben, wie viel Spaß dieses positive Training macht. Es bietet sich an, ein Vokabelheft über die aktuellen Sicht- und Hörzeichenzeichen zu führen, die Ihr Hund nach und nach beherrscht.

Kommandos und Leitkommandos

SITZ, PLATZ, STEH, FUSS und HIER sind Kommandos. Sie sind unantastbar und müssen befolgt werden. Wenn Sie PLATZ sagen, dann meinen Sie damit

Auf Handzeichen zeigt Othello eine Pirouette.

Anja zeigt Prisca den Weg über die Treppe, 🌲☂️❤️.

auch: sofort, genau an dieser Stelle und nicht demnächst oder fünf Meter entfernt. Aus dem PLATZ wird er nur wieder durch Sie entlassen. Kommandos werden durch die Freigabe aufgelöst, zum Beispiel mit LAUF. Kommandos sagt man nicht fünfmal, einmal reicht. Führen Sie für den Alltag und die kleinen Tricks Leitkommandos ein. Diese sind lockerer.

▸ **Notieren Sie sich** die Sicht- und Hörzeichen für die Tricks, die Sie Ihrem Hund beibringen, sonst verlieren Sie schnell die Übersicht. Übertreiben Sie das Training nicht. Setzen Sie Prioritäten. Die einzelnen Übungen werden gelernt, geübt und abgesichert. Richtig ausgeführte Kommandos werden konsequent abverlangt. Sollte ein Hörzeichen „abgenutzt" sein, das heißt, Ihr Hund reagiert nicht mehr darauf, sollten Sie ein neues einführen und in Zukunft konsequenter damit sein. ●

Beispiele für Leitkommandos

▸ **Ihr Hund** kann unmöglich kilometerweit Fußgehen (wäre auch gesundheitsschädigend). Soll er aber eine bestimmte Strecke dicht bei Ihnen gehen, bietet sich BEI MIR an.

▸ **Soll er sich hinlegen,** weil er Ihnen gerade im Weg steht, wäre ein Leitkommando dazu: LEG DICH HIN oder PLUMPS. Da darf er von alleine wieder aufstehen, nicht wie bei PLATZ.

▸ **Liegt ein Hund** im Weg herum, sagen Sie STEH AUF. Soll er herkommen, rufen Sie KOMM, denn HIER ist ein Kommando, bei dem er vor Ihnen sitzen soll (Seite: 34/35).

Neues lernen

Grundaus-bildung mit dem Clicker

26 SITZ mit Hochsehen

SPEZIAL

28 Freudiges FUSS-Gehen

30 180°-Kehrt und Wenden

32 Platz in allen Variationen

36 Ablage unter Ablenkung

38 Kommando STEH

40 Spaßpark

26 | Grundausbildung

SITZ (BH) mit Hochsehen

Bei jedem Hund soll die Erziehung individuell an Gesundheit, Alter und seine Anlagen angepasst sein.

SITZ ist ein nützliches und häufig verwendetes Kommando, das selbst ein Welpe leicht lernen kann. SITZ bedeutet: Der Hund setzt sich sofort auf das Kommando und bleibt sitzen, bis der Hundeführer ihn freigibt. Mit SITZ haben Sie Ihren Hund in vielen Situationen unter Kontrolle: Beim Warten an der Ampel, beim Begrüßen und bevor er wegrennt. Fehlverhalten, wie Verbellen oder Hochspringen, können Sie ignorieren oder umleiten – z.B. mit SITZ. Ein klares Kommando ist viel besser als ein „Nein", denn das versteht der Hund nicht, außerdem hört es sich ähnlich an wie „fein". Mit dem Kommando sagen Sie dem Hund rechtzeitig, was er tun soll, er hat Aussicht auf Belohnung und Sie müssen nicht korrigieren – Erziehung positiv und stressfrei. Wenn der Hund vor Ihnen sitzt, sieht er fast schon von alleine zu Ihnen hoch. Clicken Sie genau diesen Moment des Hochsehens.
▶ **Alle Übungen,** die für die Begleithundprüfung nötig sind, sind im Buch mit **(BH),** aus der Unterordnung der Vielseitigkeitsprüfung mit **(VPG),** aus dem Obedience mit **(OB)** und aus dem Agility mit **(A)** gekennzeichnet.

SITZ
1. Stufe: ohne Ablenkung

Sitzt der Hund von alleine: 🢂C'♥.

▶ **Mit Hilfe:** Mit einem Leckerchen in der Hand richten Sie den Hund aus. Die Hand ist dicht am Körper, genau in der Höhe, wo die Hundeschnauze hin soll. Halten Sie es nicht zu hoch, damit der Hund nicht danach springt. Wenn er sitzt, folgen 🢂C'♥. Ist Ihr Hund klein, setzen Sie sich für diese Übung zuerst auf einen Stuhl, dann erscheinen Sie ihm nicht so groß. Sitzt er genau vor Ihnen, nennt man dies „Vorsitzen". Richten Sie ihn so aus, dass er links neben Ihnen sitzt, ist das die „Grundstellung".

▶ **Sicht- und Hörzeichen einführen:** Sichtzeichen: Arm stark angebogen, Zeigefinger hoch. Dazu sagen Sie SITZ. Betonung auf dem „i", freundlich und hoch gesprochen. Nur noch SITZ clicken, wenn Sie es verlangt haben. Zuerst clicken Sie schon, während er sich setzt. Dann nur noch SITZ clicken, wenn er wirklich sitzt. Das Leckerchen ist jetzt nicht mehr in der Hand, sondern in der Tasche oder im Beutel.

▶ **Hochsehen:** Bevor Sie den Hund aus SITZ freigeben, warten Sie kurz. Sieht er erwartungsvoll hoch, folgen 🢂C'♥. Oder helfen Sie, indem Sie Zeige- und Mittelfinger zu Ihrem Gesicht führen. Sieht er hoch, folgen 🢂C'♥. Führen Sie dazu „WATCH" oder „SIEH MICH AN" ein. So fördern Sie die Konzentration. Die Phase des „Hochsehens" verlängern Sie mit dem Trainingsfortschritt.

SITZ
2. Stufe: mit Ablenkung

Voraussetzung: Der Hund bleibt bis zur Freigabe konzentriert neben und vor Ihnen sitzen.

▸ **Schwierigkeitsgrad steigern:** Der angeleinte Hund sitzt, Sie gehen mit der Leine in der Hand einen Kreis um den Hund. Unterstützend zeigen Sie die gespreizte Hand für BLEIB. Bleibt er schön sitzen, folgen 🌲C!♥. In der Hand, die das Zeichen für BLEIB gibt, darf nie ein Leckerchen sein. Es würde den Hund zum Mitkommen verleiten.

▸ **Ohne Leine:** Klappt das, probieren Sie diese Übung ohne Leine. Auf richtige Aktionen folgt 🌲C!♥. Gehen Sie auch einmal einige Schritte vor, zurück, nach links und rechts – übertreiben Sie es aber nicht. Wenn er aufsteht, müssen Sie das Trainingsniveau reduzieren: Nicht zu lange SITZ erwarten und nicht zu weit weg gehen.

▸ **Ablenkung:** Klappt das, trainieren Sie unter stärkerer Ablenkung, z. B. in der Stadt oder in der Nähe anderer Hunde. Verlangen Sie zuerst SITZ ganz nah bei Ihnen, 🌲C!♥. Steigern Sie dann wieder Schritt für Schritt Ihre Distanz und die Dauer des Sitzens. Erst einen Kreis um den Hund angeleint, dann ohne Leine, dann ein paar Schritte weg gehen. Clicken Sie, wenn er sitzen bleibt. Gehen Sie zurück zum Hund. 🌲C!♥ folgen.

Für Fortgeschrittene: SITZ
3. Stufe: aus der Bewegung (BH)

Das Team geht Fuß, auf Kommando SITZ setzt sich der Hund sofort hin, der Hundeführer geht weiter. Nach ca. 30 Schritten dreht er sich um, bleibt kurz stehen, dann geht er zurück zum Hund in die Grundstellung.

▸ **Voraussetzung, Stufe 1 und 2 und Fußgehen, Seite 28/29:** Das Team geht Fuß. Nach Kommando SITZ mit Sichtzeichen warten Sie, bis der Hund sitzt. Jetzt clicken. Sagen Sie am Anfang noch BLEIB dazu. Dann gehen Sie mit dem Zeigefinger oben ein paar Schritte weiter. Drehen Sie sich um, gehen Sie zurück zum Hund und geben Sie ihm das Leckerchen. Der Hund hat gelernt: Für die richtige Aktion gibt's den CLICK, das Leckerchen kommt gleich.

▸ **Problemhilfe, wenn der Hund nachläuft:**
▸ Wenn er sitzt, kurzes Eindrehen vor dem Hund, erst dann weitergehen.
▸ Treten Sie einige Schritte auf der Stelle während er sitzt, so lernt er: Er sitzt und Sie bewegen sich weiter.
▸ Wenn Sie zum Hund zurücklaufen, sieht er Sie von vorne. Falls er Ihnen jetzt entgegen kommt, beginnen Sie die Übung noch mal. Drehen Sie sich nun nicht um, sondern gehen rückwärts zurück zum Hund.
▸ Clicken Sie richtige Aktionen. Bauen Sie mit dem Trainingsfortschritt die Sichtzeichenhilfe ab. Nicht strafen, sondern mehr helfen, denn Strafe blockiert beim Lernen.

SITZ mit Hochsehen

28 | Grundausbildung

Freudiges FUSS-Gehen (BH)

Das freudige Fußgehen Ihres Vierbeiners ist nicht so schwer. Auch hier sind „sich dem Hund verständlich machen" und das Timing für das Lob entscheidend.

Die Formel für FUSS lautet: Rückwärts, vorwärts = FUSS. Die offizielle Beschreibung: Der Hund folgt dem Hundeführer stets freudig, in jeder Gangart und Richtung dicht an dessen linker Seite. Die Schulter des Hundes ist am linken Bein des Hundeführers auf Kniehöhe.
Bedenken Sie, Ihr Hund weiß noch nicht, was FUSS bedeutet. Clicken Sie, wenn er sich zufällig in der Fußposition befindet. Rucken Sie nicht an der Leine herum. Helfen Sie so lange mit Leckerchen, bis er weiß, was er tun soll. Hat er es verstanden, korrigieren Sie notfalls mit leichtem Zupfen an der Leine. Wenn er in der richtigen Fußposition ist, folgen 🌲 C ♥. Auch FUSS ist ein unantastbares Kommando.

Perfektes, freudiges Fußgehen ist Ästhetik pur. Das Team strahlt Sicherheit und Harmonie aus.

① Rückwärts, vorwärts = FUSS

Locken Sie Ihren Hund mit Leckerchen in der Hand zu sich. Halten Sie Ihre Hände dicht am Körper, genau dort, wo die Hundeschnauze hin soll. Dort bleiben die Hände auch die ganze Zeit! Gehen Sie einige Schritte rückwärts, bis Ihr Hund Ihnen folgt. Jetzt gehen Sie genau die gleichen Schrittfolge wieder vorwärts. Der Hund landet dadurch automatisch an Ihrer linken Seite im FUSS: 🌲c♥.

Die ersten Schritte ②

Nach 2 bis 3 Schritten clicken Sie, das Leckerchen kommt während des Laufens aus der Hand. Dann geben Sie ihn mit LAUF frei. Motivieren Sie ihn erneut und wiederholen die Übung rückwärts, vorwärts = FUSS einige Male.
Führen Sie das Kommando FUSS dazu ein. Verlangen Sie nur kleine Strecken. Clicken Sie nur, wenn der Hund optimal Fuß geht und zu Ihnen hochsieht. Gehen Sie immer wieder einige Schritte rückwärts. Dann wieder vorwärts. So lernt Ihr Hund, sich ganz auf Sie zu konzentrieren. Halten Sie diese Übung spannend: trainieren Sie nur kurze Einheiten. Belohnen Sie ihn ausgiebig mit Spiel.

③ Das Ziel: die Freifolge

Steigern Sie den Schwierigkeitsgrad der Übung schrittweise: Zuerst ohne Ablenkung und mit dem angeleinten Hund (genannt Leinenführigkeit). Dann steigern Sie die Ablenkungn und verlängern die Distanz. Gerades Fußgehen ist für den Hund langweilig. Machen Sie Hütchentraining (Seite 30/31). Wenn das alles gut klappt, trainieren Sie ohne Leine, das nennt man im Hundesport „die Freifolge".

Grundausbildung

180°-Kehrt und Wenden (BH)

Die 180°-Kehrtwende

Beim Fußgehen mit Hütchentraining bereiten Sie mit den Variationen: Bögen, Kreise, Slalom, Achter schon die 180°-Kehrt-und die 90°-Rechts- und Linkswenden vor.

Für die Richtungsänderungen gibt es keine Kommandos. Der Hund soll ja stets in jeder Gangart und Richtung dicht und freudig dem Hundeführer an dessen linker Seite folgen.
Bei allen Wendungen und Kehren leitet immer das linke Bein den Richtungswechsel ein. Am einfachsten sind hier Trockenübungen ohne Hund, ähnlich dem Einstudieren von Tanzschritten. Nur wenn der Hundeführer selbst weiß, wie er gehen muss und somit Sicherheit ausstrahlt, können die Übungen mit dem Hund funktionieren.
Trainieren Sie mit Orientierungspunkten. Ob Sie um Hütchen, Bäume oder Menschen gehen, wichtig ist, dass Sie lernen, genau zu arbeiten. Auf dem Übungsplatz oder im Garten sind die Hütchen (Pylonen) gut geeignet. Sie sind leicht auf- und umzustellen und Sie können das Training abwechslungsreich gestalten.

Üben Sie zuerst ohne den Hund.

▸ **Linkes Bein:** Stellen Sie sich konzentriert mit Körperspannung hin. Denken Sie sich Ihren Hund links neben sich in der Grundstellung. Warten Sie kurz, bis er Sie ansehen würde. Kommando FUSS, dann angehen (mit dem linken Bein). Gehen Sie einige Schritte geradeaus, dann drehen Sie wie folgt links zum Hund um 180°: Leiten Sie mit dem linken Bein 90° linksum die Drehung ein, „nehmen" Sie dabei die linke Schulter mit. Das rechte Bein vervollständigt die 180°-Kehrtwende. Gehen Sie geradeaus die Strecke weiter, die Sie gekommen sind.

▸ **Eselsbrücke:** Denken Sie dabei immer an: linksum – rechtsum – weiterlaufen.

▸ **Schritttempo:** Wichtig ist, dass Sie viele kleine Schritte machen, das Tempo bleibt gleich. Üben Sie dies „trocken" bis Sie den Ablauf sicher beherrschen. Während Sie 180° linksum fast auf der Stelle drehen, geht Ihr Hund 180° rechts um Sie herum. Haben Sie Ihren Hund angeleint, wechselt die Leine während der 180°-Drehung hinter Ihrem Rücken von der einen in die andere Hand. Jetzt trainieren Sie das Ganze mit Hund: mit FUSS angehen, nach einigen Schritten, linksum - rechtsum - weiterlaufen. Fertig ist die Kehrtwende. Sobald Ihr Hund um Sie herum kommt clicken Sie. C ♥ folgen.

Die 180°-Kehrtwende

▸ **Spielzeug:** Zur Abwechslung werfen Sie, sobald er um Sie herumkommt, auch einmal das Spielzeug nach vorne weg. Spielen Sie ausgiebig nach einer schönen engen Kehrtwende.

▸ **Im Rechteck:** Die Links- und Rechtswenden trainieren Sie am einfachsten um ein markiertes Rechteck: 4 Hütchen an den Ecken 6 auf 8 Meter aufstellen. Laufen Sie erst ohne Hund um das Rechteck, einmal links und einmal rechts herum.

▸ **Mit Hund um das Rechteck:** Gehen Sie aus der Grundstellung, wenn der Hund hochsieht, mit dem linken Bein an.
Achten Sie darauf, dass alle Wendungen und Kehren vom linken Bein eingeleitet werden.
▸ Zuerst gegen den Uhrzeigersinn. Der Hund ist bei den Linkswenden innen. Clicken Sie, wenn der Hund bei den Wenden dicht bei Ihnen ist und hochsieht.
▸ Dann gehen Sie im Uhrzeigersinn um das Rechteck. Die Rechtswende ist schwieriger, da Sie vom Hund weg gehen. Hängt er nach, laufen Sie trotzdem weiter und verzichten auf das Locken. So lernt er, sich besser auf Sie zu konzentrieren, denn nur ganz dicht bei Ihnen gibt es die Belohnung. Wenn er schön dicht und aufmerksam mitgeht, clicken Sie. 🄲♥ folgen.
Kleine Zupfer an der Leine zur Korrektur sind erlaubt. 🄲♥ folgen.

Hütchentraining

Variieren Sie das Tempo der Übung: gehen Sie z. B. an den kurzen Seiten ganz langsam Schritt, an den langen Seiten Laufschritt, dann wieder eine Runde normales Tempo. Sagen Sie bei einem Tempowechsel immer das Kommando FUSS dazu.

▸ **Variieren:** Kreisen Sie eine Runde um jedes Hütchen. Einmal ist der Hund dabei innen, ein anderes Mal ist er außen.

▸ **Steigern:** Nehmen Sie sich zwei Hütchen vor, um die laufen Sie eine Acht.

▸ **Im Team:** Stellen Sie an einer kurzen Seite zwei weitere Hütchen auf. Dann können Sie an dieser Seite Slalom üben. Genauso können Sie eine SITZ-Übung an jedem Hütchen einstreuen. Dann eine Runde PLATZ an jedem Hütchen. Dann eine Runde SITZ und PLATZ im Wechsel. Dies macht richtig Spaß, ist abwechslungsreich und sehr effektiv. Achten Sie darauf, dass Sie nur clicken, wenn der Hund hochsieht. Wenn das alles gut klappt, können Sie mit mehreren Mensch-Hund-Teams am Rechteck trainieren. Halten Sie die Trainingseinheiten kurz, aber von hoher Qualität. Spielen Sie zur Belohnung ausgiebig.

Kehrt und Wenden

32 | Grundausbildung

PLATZ (BH) in allen Variationen

PLATZ ist ein genauso wichtiges, häufiges und auch nützliches Kommando wie SITZ.

Zur Grundausbildung gehört auf jeden Fall ein sicheres Ausführen des Kommandos PLATZ in jeder Situation. PLATZ bedeutet: Der Hund legt sich auf Kommando PLATZ sofort hin und bleibt solange liegen, bis der Hundeführer ihn freigibt.
Mit PLATZ haben Sie Ihren Hund in sämtlichen Situationen unter Kontrolle. Fehlverhalten können Sie, genau wie mit dem Kommando SITZ, umleiten. Achten Sie darauf, dass es bei PLATZ keine „Diskussionen" gibt. Wenn Sie PLATZ verlangen, muss Ihr Hund liegen! So lange, bis Sie ihn freigeben. Nehmen Sie für lockere Situationen, wenn er beispielsweise zu Hause im Weg steht, das Leitkommando: LEG DICH HIN, und zeigen ihm dabei, wohin er sich legen soll. Bei einem Leitkommando dabei darf er dann selbstständig entscheiden, wann er aufsteht. Denken Sie daran, nur ein Kommando zu geben, wenn Ihr Vierbeiner es kennt und auch immer nur dann, wenn die Aussicht auf Erfolg besteht. Ein aufmerksames und sicheres PLATZ erreichen Sie durch ein positives, interessant gestaltetes Training.

PLATZ

1. Stufe: ohne Ablenkung

Zuerst ohne Ablenkung: Legt der Hund sich von alleine hin: 🔔 C ♥ folgen.

▶ **Mit Hilfe:** Setzen Sie sich mit angewinkelten Beinen auf den Boden und locken Sie den Hund mit Leckerchen oder Spielzeug unter Ihre Beine. Wenn er liegt, folgen 🔔 C ♥ oder Spiel. Dann gehen Sie in die Hocke, mit einem Leckerchen in der Faust, die Faust auf dem Boden. Warten Sie bis der Hund liegt, dann folgt 🔔 die Faust geht auf, das Leckerchen kommt heraus. Üben Sie dies einige Male.

▶ **Sicht- und Hörzeichen einführen:**
Sichtzeichen: Arm nach unten, Hand zeigt mit Handfläche auf den Boden. Nur noch PLATZ clicken, wenn Sie es verlangt haben. Gehen Sie mit dem Hund einige Male in die Hocke. Zuerst clicken Sie schon während er sich legt, dann nur noch, wenn er wirklich liegt. Füttern Sie unten in der Platzposition.
Gleichzeitig zum Sichtzeichen sagen Sie PLATZ. die Betonung deutlich anders als beim Kommando SITZ. Die Tonlage ist dabei tiefer und etwas lauter. Jetzt bleiben Sie aufrecht stehen – nicht vornüberbeugen. Ihre Handfläche zeigt zum Boden. Sagen Sie das Kommando PLATZ dazu. Liegt er, folgen 🔔 C ♥. Gewöhnen Sie den Hund an PLATZ in verschiedenen Positionen. Einmal liegt er vor Ihnen, einmal neben Ihnen. Richtige Aktionen clicken und dafür immer unten füttern.

PLATZ
2. Stufe: mit Ablenkung

Mit der Steigerung des Schwierigkeitsgrades vertiefen wir die Übungen und sichern sie ab. Ablenkung, Distanz und Dauer werden schrittweise gesteigert.

▶ Voraussetzung: Der Hund liegt konzentriert neben oder vor Ihnen, bis Sie ihn freigeben.

▶ Übungen: Hund liegt im Platz.
▶ Umkreisen Sie den Hund erst angeleint, dann ohne Leine. Nehmen Sie eventuell die gespreizte Hand für BLEIB zur Hilfe. Bleibt er schön liegen, folgen 🔔 C̓ ❤.
▶ Gehen Sie einige Schritte nach vorne, zur Seite oder nach hinten weg. Variieren Sie die Übungen immer wieder einmal, damit das Training für den Hund interessant bleibt.
▶ Klappt das, trainieren Sie diese Übungen in der Stadt, wenn andere Hunde in der Nähe sind oder bei anderer Ablenkung.
▶ Steigen Sie selbst einmal über Ihren Hund drüber, denn dies ist eine alltagstypische Situation zum Beispiel im Restaurant. Dies muss schrittweise geübt werden. Klappt das, lassen Sie auch Fremde über ihn steigen. Halten Sie die Trainingseinheiten kurz und knackig, so beugen Sie Fehlern vor. Verlangen Sie nicht zu viel. Clicken Sie richtig gute Aktionen. Spielen Sie auch ausgiebig mit Ihrem Hund zur Belohnung.

Für Fortgeschrittene: PLATZ
3. Stufe: aus der Bewegung

Das Team geht Fuß, auf Kommando PLATZ legt sich der Hund sofort hin, der Hundeführer geht weiter, ohne anzuhalten.

▶ Voraussetzung, Stufe 1 und 2 und Fußgehen:
Aus dem Fußgehen geben Sie das Kommando PLATZ und gehen mit dem Hund runter in die Hocke. Warten Sie, bis er liegt, Jetzt clicken. Dann gehen Sie einige Schritte weiter, das Zeichen für PLATZ – Handfläche zeigt auf den Boden – behalten Sie während der Übung bei. Sie drehen sich um, gehen zurück zum Hund und füttern ihn unten. Kann der Hund die Übung sicher, bauen Sie die Sichtzeichen und Körperhilfen langsam ab.

▶ Problemhilfe:
▶ Der Hund steht auf: Kommando PLATZ mit Sichtzeichen wiederholen. Legt er sich jetzt hin, clicken Sie und gehen zurück zum Hund, unten füttern. Selbstkontrolle: Waren Ihre Sicht- und Hörzeichen klar und deutlich?
▶ Der Hund läuft nach: Bringen Sie ihn an die Stelle zurück, wo Sie das Kommando verlangt haben. Wiederholen Sie PLATZ und BLEIB, entfernen sich wenige Schritte rückwärts, das heißt, Sie sehen was der Hund macht. Bleibt er liegen, clicken Sie, dann gehen Sie zurück zum Hund und füttern unten. Wiederholen Sie die Übungen von Stufe 2.

PLATZ

Abruf
aus PLATZ aus der Bewegung (BH)

▸ Nach PLATZ aus der Bewegung – Abruf mit HIER in den VORSITZ: Liegt der Hund nach PLATZ aus der Bewegung, geht der Hundeführer einige Schritte weiter, dreht sich um, wartet kurz und ruft den Hund mit HIER ab.

▸ Ihr Hund liegt, Sie sind einige Schritte entfernt. Zeigen Sie ihm sein Spielzeug oder eine Futtertüte, bewegen Sie dies und rufen dazu HIER. Während der Hund kommt, clicken Sie. Bei Ihnen angekommen, gibt's C,♥ oder Spiel. Wiederholen Sie dies einige Male. Der Hund lernt so freudiges Herankommen. Variieren Sie immer wieder einmal Ihre Distanz.

▸ Rufen Sie den Hund nicht jedes Mal nach PLATZ aus der Bewegung ab. Variieren Sie: Clicken für's Hinlegen, gehen Sie wieder zurück zum Hund und füttern ihn unten.

▸ Wenn Sie einige Schritte entfernt sind, warten Sie zur Abwechslung auch mal ein paar Sekunden länger mit dem Abrufen. Sie können das Warten clicken. Dann abrufen und C,♥ folgen. Dadurch lernt Ihr Hund, auch länger auf den Abruf zu warten und die Konzentration wird erhöht.

Mit HIER in den Vorsitz

Auf Kommando HIER soll der Hund nicht nur freudig kommen, sondern er soll gerade und dicht vor den Hundeführer vorsitzen. Differenzieren mit Leitkommando KOMM, dabei muss er nur erscheinen.

▸ Sie legen den Hund Platz und gehen einige Schritte rückwärts. Geben Sie das Sichtzeichen SITZ und rufen HIER. Sobald der Hund zum Vorsitzen ansetzt, clicken Sie, C,♥ folgen. Nach einigen Wiederholungen clicken Sie nur noch, wenn er vorsitzt.

▸ Problemhilfe:
Nach Abruf rennt der Hund an Ihnen vorbei:
▸ Stellen Sie sich zum Abrufen an eine Wand.
▸ Stellen Sie 2 Bierbänke zu einer Gasse auf. Der Hund liegt an einem Ende ab, Sie stehen am anderen, das gibt ihm eine Führungshilfe. Er verlangsamt sein Tempo sehr früh und sitzt zu weit von Ihnen entfernt ab.
▸ Beim Abrufen niemals vorbeugen (Seite 20).
▸ Bevor Sie abrufen, grätschen Sie Ihre Beine und zeigen das Spielzeug. Sie rufen ab und werfen, kurz bevor er ankommt, das Spielzeug durch Ihre Beine nach hinten, sodass er durch Ihre Beine rennt.

▸ Wenn Sie abrufen, bitte nur aus PLATZ aus der Bewegung, denn nach SITZ aus der Bewegung gehen Sie immer zum Hund zurück.

Mit FUSS in Grundstellung

Aus dem Vorsitz wechselt der Hund auf Kommando FUSS über in die Grundstellung. Das heißt, er geht dicht hinter Ihnen herum und setzt sich links neben Sie in die Grundstellung.

▸ Der Hund sitzt vor Ihnen. Sie zeigen mit einem Leckerchen in der rechten Hand den Weg um Sie herum. Clicken Sie schon die Ansätze für das Laufen um Sie herum.

▸ Klappt das, wechseln Sie das Leckerchen, wenn der Hund hinter Ihnen ist, in die linke Hand und führen die Umrundung zu Ende. Clicken Sie und belohnen Sie den Hund.

▸ Führen Sie das Hörzeichen FUSS dazu ein. Üben Sie mit dem angeleinten Hund und wechseln Sie die Leine hinter dem Rücken von der einen in die andere Hand.

▸ Jetzt führen Sie nach der Umrundung die linke Hand noch etwas nach oben, halten Sie dabei den Ellenbogen am Körper. Der Hund sitzt! ▲ C ♥ folgen.
Geben Sie den Hund frei und spielen Sie ausgiebig mit ihm zur Entspannung.

Die Grundstellung

▸ Bedeutung: Der Hund sitzt links dicht, parallel neben dem Hundeführer. Im Hundesport beginnt und endet jede Übung in der Grundstellung.

▸ Verlangen Sie das Überwechseln in die Grundstellung nicht nach jedem Abrufen. Clicken Sie immer wieder auch das Vorsitzen. Ansonsten sitzt der Hund nicht mehr vor und wechselt gleich in die Grundstellung über, da es ja nur dafür die Belohnung gab.

▸ Problemhilfe:
Der Hund sitzt in der Grundstellung schräg. Richten Sie Ihn mit dem Leckerchen in der linken Hand aus. Clicken Sie, wenn er richtig sitzt. Gewöhnen Sie ihn daran, dass es auch ▲ C ♥ gibt, wenn er Sie von der Seite sieht, nicht nur von vorne. Üben Sie das dichte, parallele Sitzen mit passiver Hilfe, wie einer Wand.

▸ z. B. zu Hause: Stellen Sie sich ca. 40 cm neben die Küchenzeile. Der Hund wechselt vom Vorsitz in die Grundstellung, die Wand erlaubt ihm nur dicht neben Ihnen zu sitzen. Sitzt er perfekt, folgen ▲ C ♥.

HIER/Grundstellung

Ablage unter Ablenkung (BH)

Diese Übung bedeutet: Zwei Teams arbeiten zusammen. Ein Team geht im Fuß zum Ablagepunkt, dort folgt ein SITZ (Grundstellung). Dann wird der Hund abgeleint und mit Kommando PLATZ abgelegt. Der Hundeführer geht ungefähr 30 Schritte gerade weg und bleibt mit dem Rücken zum Hund stehen. Während der eine Hund abliegt, läuft das andere Team Gehorsamsübungen (Unterordnung). Das ist die Ablenkung. Der abliegende Hund bleibt so lange liegen, bis er vom Hundeführer wieder abgeholt wird. Diese Übung knüpft an PLATZ unter Ablenkung an. Bei der Ablage sind Sie weiter weg und stehen mit dem Rücken zum Hund.

Schritt für Schritt

Mit Kommando PLATZ legen Sie Ihren Hund ab. Zuerst sagen Sie noch BLEIB und zeigen als Sichtzeichen die gespreizte Hand dazu. Umkreisen Sie den Hund erst mit Leine, dann legen Sie die Leine auf den Boden.

▸ **Dann variieren Sie:** Einige Schritte nach vorne, nach hinten und zur Seite gehen. Bleibt Ihr Hund schön liegen, clicken Sie, gehen dann zu ihm zurück, füttern unten und loben.

▸ **Klappt das,** gehen Sie einige Schritte weg und bleiben stehen. Warten Sie kurz. Bleibt er liegen: clicken, zurück zum Hund, unten füttern und loben. Übungsdauer und Distanz nicht überreizen und zwischendurch ausgiebig spielen. Die gesamte Übung wird über Wochen aufgebaut!

▸ **Funktioniert das** kurze Warten gut, bleiben Sie mit dem Rücken zum Hund einige Schritte entfernt stehen. Behalten Sie das Sichtzeichen für PLATZ noch als Hilfe bei. Da Sie jetzt nichts sehen können, müssen Sie eine Hilfsperson clicken lassen. Sie gehen dann zurück zum Hund und geben das Leckerchen unten.

▸ **Problemhilfe:**

▸ **Er steht auf:** Sofort nochmaliges, strenges Kommando PLATZ mit Sichtzeichen. Legt er sich wieder hin, kurz warten, dann clicken und belohnen. Gehen Sie trotzdem im Trainingsniveau einige Schritte zurück, Distanz und Dauer verkürzen. So sichern Sie die Übung wieder neu ab.

Zwei Hunde liegen ab, während ein Team im FUSS vorbeigeht.

Klassischer Fehler: Das Spielzeug in der Hosentasche verleitet zum Nachlaufen.

▸ **Er läuft nach:** Bringen Sie den Hund zurück, genau an die Stelle, wo Sie PLATZ verlangt haben. Legen Sie ihn erneut ab, dann Distanz und Dauer deutlich verkürzen.

Überdenken Sie die Situation

▸ Waren Ihre Sicht- und Hörzeichen klar?
▸ Haben Sie es mit Dauer und Distanz übertrieben?
▸ War die Ablenkung für den Hund zu groß?
▸ Haben Sie ihn zum Nachlaufen verleitet?
Finden Sie heraus, wo der Fehler lag, erst dann wiederholen Sie die Übung.

Die häufigsten Fehler

› **Nach Kommando PLATZ** gehen Sie gerade weg.
› **Leider haben Sie** das Spielzeug hinten so in der Hose stecken, dass der Hund es sieht und zum Spielzeug will: Spielzeug also immer unsichtbar verstauen.
› **Während Sie** weggehen, stecken Sie die Leine in die Tasche. Das verleitet den Hund auch zum Nachlaufen, denn Hand und Tasche ... da gibt's doch immer die Leckerchen. Die Hände also auch nicht in die Taschen stecken, während Sie mit dem Rücken zum Hund stehen.
› **Holen Sie** das Leckerchen nicht aus der Tasche, wenn Sie zurück zum Hund gehen. Sonst ist die Gefahr groß, dass er Ihnen entgegenläuft. Erst wenn Sie bei ihm angekommen sind, wird das das Leckerchen hervorgeholt und unten gefüttert.
› **Die Ablage** ist nicht zu unterschätzen. Für den Hund bedeutet sie Arbeit. Übertragen Sie auch hier Ihre Körperspannung auf den Hund. Halten Sie keinen Plausch mit anderen Hundehaltern, sondern konzentrieren Sie sich ebenfalls.
› **Beachten Sie** all dies wird Ihr Hund bald erwartungsvoll und aufmerksam abliegen.

Ablage/Ablenkung

38 | Grundausbildung

Kommando STEH

Es bedeutet: Auf Kommando STEH hat der Hund sofort zu stehen, bis der Hundeführer ihn freigibt.

Das Kommando STEH ist eine lebenswichtige Notbremse, wenn Sie Ihren Hund vor einem Auto oder einer anderen Gefahr stoppen müssen. Dann haben Sie meistens nicht mehr genügend Zeit, um den Hund herzurufen. Jetzt brauchen Sie eines der Kommandos SITZ, PLATZ oder STEH, und Sie haben Ihren Hund sicher unter Kontrolle.
STEH kann der Hund am schnellsten ausführen, da er ja „nur" stehen bleiben muss. Allerdings kann er aus STEH auch am schnellsten wieder weiter laufen, da er ja schon „betriebsbereit" ist und nicht erst aus dem Sitzen oder Liegen seine vier Beine wieder in Bewegungsposition bringen muss. Also ist es wichtig, ein absolut sicheres STEH zu erarbeiten.
Für die lockeren Situationen, wenn der Hund z. B. irgendwo im Weg herum liegt, nehmen Sie das Leitkommando STEH AUF.
Kommando STEH wird leider oft viel später als SITZ und PLATZ trainiert. Dadurch tun sich Hund und Hundeführer schwer. Also gleich von Anfang an mittrainieren, denn jeder Hund kann bekanntlich stehen.

STEH
1. Stufe: ohne Ablenkung

Steht Ihr Hund von alleine auf und bleibt kurz still stehen, folgen 🔺C❤. Achten Sie darauf, dass Sie nicht das Weiterlaufen clicken.

▸ **Mit Hilfe:** STEH lernt Ihr Hund über das Leitkommando STEH AUF. Er liegt und Sie wollen, dass er aufsteht. Mit einem Leckerchen in der Hand zeigen Sie eine Armbewegung nach vorne und oben (nicht zu hoch, sonst sitzt er). Steht der Hund auf, clicken Sie schon diesen Ansatz. Funktioniert das, clicken Sie als nächste Stufe erst, wenn er kurz still stehen bleibt. Üben Sie das Aufstehen aus der Platzposition neben und vor Ihnen. Die Leckerchen bleiben ab jetzt am besten in der Tasche oder im Futterbeutel, denn dies würde den Hund zum Nachlaufen verleiten.

▸ **Sicht- und Hörzeichen einführen:**
Sichtzeichen: Arm angebeugt, Handfläche zeigt zu Ihrem eigenen Bauch. Gleichzeitig zum Sichtzeichen sagen Sie in ruhigem Ton STEH. Funktioniert das, trainieren Sie STEH in Konzentration. Clicken Sie sofort, wenn er steht, warten Sie kurz bis Sie das Leckerchen dafür herausrücken.

STEH
2. Stufe: mit Ablenkung

▶ Vorraussetzung: Der Hund steht auf Kommando konzentriert vor und neben Ihnen. Durch die Steigerung des Schwierigkeitsgrades wird STEH, genau wie SITZ und PLATZ, vertieft und abgesichert. Ablenkung, Distanz und Dauer werden schrittweise gesteigert.

Übungen, Hund steht auf Kommando:
▶ Umkreisen Sie zuerst den angeleinten Hund, dann ohne Leine. Nehmen Sie eventuell die gespreizte Hand für BLEIB zur Hilfe.
▶ Gehen Sie einige Schritte nach vorne, zur Seite oder nach hinten weg. Bleibt er schön stehen, clicken Sie, gehen zurück zum Hund, C ♥ folgen. Variieren Sie immer wieder, damit die Übung interessant bleibt.
Läuft der Hund doch weiter, gehen Sie im Trainingsniveau einige Schritte zurück und üben Sie wieder ganz nah am Hund. Verkürzen Sie die Dauer des Stehens und überdenken Sie Ihre Sicht- und Hörzeichen.
▶ Klappt das, trainieren Sie diese Übungen unter immer größerer Ablenkung, z. B. mit anderen Hunden oder in der Stadt. Halten Sie die Trainingseinheiten kurz und knackig und verlangen Sie nicht zu viel von ihrem Hund. Clicken Sie richtig gute Aktionen und spielen Sie zur Belohnung ausgiebig mit ihm.

SITZ, PLATZ, STEH im Wechsel
3. Stufe: für Fortgeschrittene

Folgende Übung dient der Differenzierung und Absicherung von SITZ, PLATZ und STEH.

Übung:
▶ Der Hund sitzt einen Meter vor Ihnen. Sie geben Sichtzeichen SITZ und Kommando SITZ dazu, ▲ C ♥ folgen.
▶ Sie stellen sich einen Meter vor den Hund und üben vom Sitz ins Platz. Sie geben Sichtzeichen PLATZ und Kommando PLATZ dazu. Liegt er, folgen ▲ C ♥.
▶ Sie stellen sich einen Meter vor den Hund. Jetzt soll er vom PLATZ ins STEH. Sichtzeichen, Handfläche zum Bauch und Kommando STEH dazu. Sobald er steht, folgen ▲ C ♥.

▶ Ganz wichtig bei dieser Übung:
Clicken und belohnen Sie lange Zeit die einzelnen Positionen. Sonst besteht die Gefahr, dass der Hund vorgreift. Zum Beispiel, wenn er nur für PLATZ den Click bekommt, wird er von selbst aus SITZ ins PLATZ gehen. Trainieren Sie die Reihenfolge variiert: PLATZ, STEH, SITZ oder SITZ, STEH, PLATZ. Funktioniert das, versuchen Sie diese Übung einmal nur mit Sichtzeichen und mal nur mit Hörzeichen.

STEH

40 | Grundausbildung

Spaßpark

Drauf, Drüber, Durch sind spaßige Übungen, die das Training nicht nur auflockern, sondern auch sehr nützlich sind, wenn Sie für die Vielseitigkeitsprüfung, Obedience und Agility trainieren. Die Hunde lernen dabei spielerisch, Hindernisse zu bewältigen.

Mit Action macht das Training allen riesig Spaß.

Es kommt auf das allererste Mal an

Die erste Erfahrung, die der Hund mit einem neuen Hindernis macht, ist entscheidend. Jede Übung mit Hindernissen wird langsam über Wochen aufgebaut. Ihr Hund muss die Geräte schrittweise kennen lernen.

DRÜBER

Hin- und Rücksprung über die Hürde: Die Hürde muss am Anfang sehr niedrig sein. Sie zeigen Ihrem Hund, was zu tun ist.

1. Schritt, kennen lernen:
▸ Locken Sie ihn mit Leckerchen oder Spielzeug und springen Sie mit ihm zusammen über die Hürde. Sobald er springt, clicken Sie. 🍬♥ folgen. Führen Sie das Kommando HOPP dazu ein.

▸ Springen Sie mit ihm zusammen hin und zurück. Wenn das klappt, laufen Sie an der Hürde vorbei und lassen ihn auf HOPP alleine drüberspringen.

Nächster Schritt:
▸ Lassen Sie Ihren Hund mit Abstand vor der Hürde absitzen. Sie stellen sich auf die Höhe der Hürde. Zeigen Sie mit dem Arm die Sprungbewegung, dazu sagen Sie HOPP. Der Sprung wird geclickt und belohnt.

Der Rücksprung:
▸ Ihr Hund sitzt mit Abstand vor der Hürde ab. Sie stellen sich gegenüber, die Hürde befindet sich in der Mitte. Rufen Sie ihn mit HIER zu sich in den Vorsitz. Sobald er springt, clicken und im Vorsitz belohnen.

▸ **Wenn das gut klappt,** folgt die gesamte Übung. Der Hund sitzt in der Grundstellung neben Ihnen. Halten Sie einen angemessenen Abstand zur Hürde ein. Sie bleiben in dieser Position, schicken den Hund mit HOPP über die Hürde und rufen mit HIER wieder in den Vorsitz. Geben Sie sich mit Teilerfolgen zufrieden und üben Sie nicht zu lange. Der Hund soll mit Freude springen.

DURCH und DRAUF

Soll Ihr Hund durch den Tunnel gehen, werfen Sie ihm zuerst Leckerchen oder Spielzeug hinein. Dann können Sie ihn von einer Hilfs-

person an einem Ende des Tunnels halten lassen. Sie gehen am anderen Ende in die Hocke und rufen Ihn. Clicken Sie schon Ansätze für das DURCH gehen.
▸ **Beim DRAUF** machen Sie sich mit Hilfe von Spielzeug und Leckerchen verständlich. Sobald er einen richtigen Ansatz zeigt, clicken und belohnen Sie.
▸ Soll er durch einen Reifen springen, halten Sie den Reifen senkrecht am Boden und werfen Leckerchen oder Spielzeug hindurch. Wenn der Hund begreift, können Sie den Reifen erhöhen und wie beim Hürdensprung weiter trainieren.

Der Spaßpark bietet Vorübungen für alle Hundesportarten.

▸ Jetzt können Sie alle gelernten Gehorsamsübungen mit den Geräten im „Spaßpark" trainieren, wie in einem großen Puzzle. Sie steigern den Schwierigkeitsgrad, indem mehrere Teams gleichzeitig arbeiten, im besten Fall alle ohne Leine. Lassen Sie ruhig einen Hund in der Mitte des Parks die Ablage trainieren. Lassen Sie Ihren Ideen freien Lauf. Es gibt viele Möglichkeiten, die Puzzleteile zu kombinieren. Das Schöne ist, dass die Gehorsamsübungen, sprich Unterordnung, spielerisch mittrainiert werden.

SMART
Unendliche Variationen

› **Sämtliche Geräte** im Spaßpark können miteinander kombiniert werden.
› **Wichtig ist,** dass Ihr Vierbeiner vorher alle Geräte einzeln kennen gelernt hat.
› **Stellen Sie** dazu noch Hütchen als Orientierungspunkte auf.
› **Ordnen** Sie alles in einem großen Rechteck an.
› **Kombinieren** Sie die Zusammenstellung und Reihenfolge der Geräte immer wieder neu.

Spaßpark

Alltag mit dem Clicker

44 Beim Gassigehen

46 Im und ums Auto

48 Zu Hause

50 Allerlei Lustiges

52 VORAN mit Hinlegen

54 Dinge tragen

56 Koffer bringen

SPEZIAL

58 Apport über die Hürde

Alltag mit dem Clicker

Beim Gassigehen

Mit dem Clicker können Sie in jeder Situation einfach und genau Verhaltensweisen bestätigen und formen. Alle Übungen greifen ineinander. Das Prinzip ist immer gleich: Gewünschtes Verhalten clicken. Unerwünschtes Verhalten ignorieren oder durch ein Kommando umleiten und dann richtige Aktionen clicken. So bleibt die ganze Hundeerziehung auf positivem Niveau. Der Grundgehorsam und das gegenseitige Vertrauen entwickeln sich immer besser. Letztlich bedeutet Gehorsam mehr Freiheit für den Hund.

An der Leine ziehen

Ziehen Sie nicht mit Ihrem Hund um die Wette, wenn er „in den Seilen hängt". Geben Sie besser einen kurzen Impuls durch die Leine und gehen sofort rückwärts. Sobald die Leine durchhängt clicken Sie, C/♥ folgen.
▸ **Benutzen Sie** für das „nahe bei Ihnen Gehen" z. B. das Leitkommando BEI MIR. Leinen Sie beim Gassi den Hund immer wieder für ein paar Meter an, auch wenn es keinen Grund dafür gibt.
▸ **Lange, gerade Strecken** sind langweilig, ändern Sie öfter Richtung und Tempo.
▸ **Spielen Sie** auch mit dem angeleinten Hund. So bekommt er ein entspanntes Verhältnis zur Leine.
▸ **Wenn er trotz** aller Bemühungen ständig zerrt, können Sie sich beim Fachhändler ein Halti kaufen. Bei dieser Führhilfe ist der richtige Einsatz entscheidend. Verwenden Sie immer eine zweite Leine für das Halti, die nicht mit der normalen verbunden ist. Geben Sie nie Dauerzug auf das Halti, dies ist gesundheitsschädigend. Kleine Impulse der Halti-Leine zeigen dem Hund, was man will. Eine Dauerlösung darf das Halti nie sein.

KOMM-Übung mit langer Leine

Nehmen Sie den Hund immer zu sich, wenn ein Radfahrer, Jogger oder Spaziergänger kommt. Dazu muss er gelernt haben, auf ein Kommando, z. B. KOMM, zu erscheinen. KOMM üben Sie am besten mit der „langen Leine". Bei KOMM können Sie vorher auch den Namen des Hundes sagen: also „Fifi" – KOMM.

Vorbildlich gehen die Hunde FUSS, der Jogger läuft ungestört vorbei.

So kommt man stressfrei mit angeleinten Hunden aneinander vorbei.

▸ **Leinen Sie den Hund** mit einer 10 Meter langen Leine an. Lassen Sie ihn damit einige Schritte laufen, rufen Sie KOMM, und holen Sie blitzschnell die Leine ein. Clicken Sie schon, wenn er auf Sie zukommt. C♥ gibt es ganz nah bei ihnen.

▸ **Dies wiederholen Sie** einige Male, bis der Hund begriffen hat: „Auf KOMM muss ich kommen". Zur Freigabe sagen Sie z. B. LAUF. Klappt das zuverlässig, darf Ihr Hund auch ohne Leine laufen. Rufen Sie ihn öfter zu sich, nur zur Übung, auch wenn es keinen Grund gibt.

▸ **Wenn er auf KOMM** nicht erscheint, laufen Sie Ihrem Hund nicht hinterher, denn dann er wird weiter weg laufen. Besser ist, Sie rufen ihn, rennen selbst in die entgegengesetzte Richtung und machen sich dadurch interessant. Arbeiten Sie wieder einige Tage mit der langen Leine, bis er es begriffen hat. Kommt er von alleine zu Ihnen, clicken Sie natürlich und belohnen ihn.

Wegrennen

Lernen Sie das Umfeld zu beobachten und „lesen" Sie Ihren Hund. Geht die Nase hoch, rufen Sie ihn zu sich – bevor er durchstartet. Clicken Sie jedes Kommen und loben Sie ihn ausgiebig dafür. Lassen Sie den Hund möglichst überhaupt nicht zu weit weglaufen. Startet er doch durch, waren Sie einfach zu spät. Strafen Sie den Hund nicht, wenn er zurückkommt. Lob ist auch nicht angesagt. Leinen Sie ihn an und verlangen Sie ganz sachlich einige Gehorsamsübungen.

Hundebegegnung

› **Fixierenden** Blickkontakt an der Leine verhindern.
› **Versuchen Sie,** die Aufmerksamkeit des Hundes zu bekommen.
› **Strahlen Sie** Sicherheit aus. Brüllen heizt die Situation nur an.
› **Lassen Sie** im Notfall Ihren Hund, mit dem Hinterteil zum anderen Hund gewandt, absitzen.
› **Fragen Sie** den anderen Hundeführer, ob Sie noch einmal „aneinander Vorbeigehen" üben dürfen. So gewöhnt sich Ihr Hund an diese Situation.
› **Clicken und belohnen** Sie jede richtige Aktion.

Gassigehen

46 | Alltag mit dem Clicker

Im und ums Auto

Auch bei der Gewöhnung an das Auto, beim sicheren Ein- und Aussteigen und ruhigen Verhaltens während der Fahrt hilft Ihnen der Clicker. Geht der Hund nicht gerne ins Auto, sind meist schlechte Erfahrungen der Grund. Vielleicht ist auch einfach der Einstieg für ihn zu hoch.

Shari wird fürs Einsteigen *geclickt.*

Grundsätzliches

▸ **Lassen Sie** Ihren Hund nie zu lange im Auto warten. Sorgen Sie immer für Frischluftzufuhr und Wasser. Zur Sicherheit im Auto eignet sich ein Gitter, eine Hundebox oder ein Sicherheitsgurt für Hunde. Bei großer Hitze bitte den Hund überhaupt nicht im Auto lassen!
▸ **Wenn Sie** viele Einkaufstüten tragen, bringen Sie entweder erst den Hund in die Wohnung oder den Einkauf. Mit vollen Händen haben Sie keine Chance, falls Ihr Hund doch mal unkontrolliert herausspringen sollte. Handeln Sie immer vorausschauend, damit nichts passiert.

Ins Auto gehen

Zuerst zeigen Sie ihm mit Hilfe von Handzeichen und Leckerchen, dass er hineingehen soll. Sobald er springt, clicken Sie und belohnen. Lassen Sie ihn zur Belohnung gleich wieder aussteigen. Dann geben Sie nur das Handzeichen und sagen z. B. GEH REIN dazu. Sobald er springt, folgen 4 C ♥ .

▸ **Fahren Sie** öfter kurze Strecken mit ihm, die er mit angenehmen Ereignissen verbindet, z. B. zu einem interessanten Spaziergang oder in ein Zoofachgeschäft. Geben Sie ihm zur Abwechslung auch eine ganze Mahlzeit im parkenden Auto, damit er es mit positiver Erfahrung zu verknüpfen lernt.

Ruhig sein

Wenn Ihr Hund während der Fahrt bellt, müssen Sie den Moment abpassen, in dem er ruhig ist.
▸ **Clicken Sie** und lassen Sie ihn von einer Hilfsperson vom Rücksitz aus füttern. Bellt er beim Anhalten, versuchen Sie ihn mit LEG DICH HIN umzuleiten.
▸ **Das hilft** meist sehr gut. Denn wenn er liegt sieht er nicht, was draußen passiert und hat keinen Grund zum Bellen. Sobald er ruhig ist, folgen 4 C ♥ .

Sicheres Aussteigen

Dies ist sehr wichtig. Wenn Sie die Klappe öffnen, darf der Hund nicht unkontrolliert herausspringen – das

Trotz starker Ablenkung bleibt Shari im Auto. Toll!

wäre lebensgefährlich. Sobald Sie öffnen, sagen Sie BLEIB und geben das Sichtzeichen dazu. Bleibt er im Auto, folgen ◀C♥.

▸ **Springt Ihr Hund** trotzdem heraus, muss er sofort wieder zurück ins Auto. Wiederholen Sie die Übung, bis er es verstanden hat. Trainieren Sie das BLEIB im Auto bei offener Klappe Schritt für Schritt. Verlangen Sie es erst nur kurz und dann länger BLEIB. Dann trainieren Sie mit Ablenkung, bis es möglich ist, dass Spaziergänger oder andere Hunde am Auto vorbeigehen können, ohne dass er herausspringt. Clicken und belohnen Sie richtige Aktionen.

▸ **Leinen Sie den Hund** im Auto sicherheitshalber noch an. Erst auf Ihr Kommando darf er aussteigen. Am besten mit HIER, dann sitzt er nach dem Aussteigen vor und Sie können die Klappe in Ruhe schließen. ●

SMART On tour

› **Füttern Sie** den Hund vor der Fahrt nur wenig, er sollte weder vollgefressen, noch nüchtern sein. Nach einer normalen Mahlzeit braucht er allerdings vor Abfahrt etwa ein bis zwei Stunden Ruhe zum Verdauen.

› **Halten Sie** auf längeren Fahrten ca. alle 2 Stunden an, damit der Hund sich lösen und trinken kann.

› **Beraten Sie sich beim Tierarzt**, wenn es dem Hund doch schlecht wird.

› **Überdenken Sie** dann auch Ihren Fahrstil.

Im und ums Auto

48 | Alltag mit dem Clicker

Zu Hause

Eines der wichtigsten Dinge dort ist, dass Ihr Hund sich nicht nur gegenüber Familienmitgliedern passend verhält, sondern vor allem auch dann, wenn Gäste kommen oder es an der Tür klingelt. Wir wollen unseren Hund ja nicht wegsperren müssen.

Training ②: Wenn es klingelt, liegt der Hund auf seinem Platz.

Wenn Gäste kommen

Sie müssen sich vorher überlegen, welches Verhalten Sie sich von Ihrem Hund wünschen, wenn Besuch kommt.
▶ Soll er ① die Wohnung bewachen und anschlagen, wenn es klingelt?
▶ Oder soll er ② gleich auf seinen Platz gehen?
Auf jeden Fall muss er mit Bellen aufhören, wenn Sie es sagen. Nicht jeder Besucher mag Hunde, darauf sollten Sie Rücksicht nehmen. Die folgenden Übungen trainieren Sie am besten mit einer Hilfsperson.

Training ①

Die Hilfsperson klingelt, der Hund schlägt an und steht schon an der Tür. Sie gehen zur Tür und bringen Ihren Hund mit dem Kommando SITZ oder PLATZ unter Kontrolle. Jetzt muss er neben Ihnen absitzen oder liegen. Macht er das gut, folgen ▲C'♥. Wenn nicht, werden Sie richtig deutlich. Bevor Sie die Tür öffnen, sagen Sie BLEIB SITZ oder BLEIB PLATZ. Begrüßen Sie den Besucher. Clicken Sie, wenn der Hund schön sitzen oder liegen bleibt. Erst auf Ihre Erlaubnis (z. B. mit LAUF) darf auch der Hund den Besucher begrüßen. Dies wiederholen Sie einige Male und bestehen ganz konsequent darauf, dass er so lange sitzen oder liegen bliebt, wie Sie es verlangen. Macht er es gut, clicken Sie und belohnen ausgiebig.

Training ②

Die Hilfsperson klingelt, Sie gehen mit Ihrem Hund zu seinem Platz und sagen dazu z. B. AUF DEINEN PLATZ: Sobald er liegt, folgen ▲C'♥. Bevor Sie zur Tür gehen, sagen Sie BLEIB PLATZ. Sollte er sich doch erheben, bringen Sie ihn sofort zum Platz zurück. Wiederholen Sie das Kommando BLEIB PLATZ. Gehen Sie wieder zur Tür und öffnen Sie dem Besuch. Wenn der Hund jetzt liegen bleibt, sofort clicken, zurück zum Hund gehen und belohnen. Wiederholen Sie das Ganze viele Male auch mit mehreren anderen Hilfspersonen. Der Hund lernt dadurch, den Klingelton mit seinem Platz

zu verknüpfen: „Klingel heißt zum Platz = Leckerchen." Clicken Sie Aktionen, die Sie für richtig halten. Achten Sie darauf, dass er so lange liegen bleibt, wie Sie es verlangen, bevor er den Besuch begrüßen darf.

SMART — Lernen, nicht hochzuspringen

- **Sie stehen** mit der Hilfsperson zur Begrüßung in der Tür. Ihr Hund springt an der Person hoch.
- **Die Hilfsperson** dreht sich weg, ignoriert den Hund. Wenn er jetzt aufhört und alle Pfoten auf dem Boden sind: 🔊 C ♥.
- **Die Hilfsperson** dreht sich um, springt er nicht hoch: 🔊 C ♥. Der Hund verknüpft: „Wenn ich nicht hochspringe, gibt's Leckerchen."
- **Seien Sie konsequent,** wenn Sie SITZ oder PLATZ sagen. Sobald der Hund sitzt oder liegt, folgen 🔊 C ♥.

Training ①: Es klingelt, schlägt der Hund an, auf Kommando sitzt er ruhig.

Hochspringen zur Begrüßung

Dies ist eigentlich ein unterwürfiges Verhalten bei Hunden. In der Natur kommt das Muttertier mit Nahrung im Fang zum Wurf zurück. Die hungrigen Welpen stürmen zur Mutter und springen in Richtung Fang, um das Futter zu ergattern. Aber ob unterwürfig oder nicht, die Deutung ist entweder wenig bekannt oder interessiert niemand. Hochspringen an Menschen ist einfach nicht erwünscht. Wir wollen einen salonfähigen, folgsamen Hund. Außerdem könnte die Person bei einer Hochspringaktion auch umfallen und verletzt werden. ●

Zu Hause

50 | Alltag mit dem Clicker

Allerlei Lustiges

Es gibt so viele Möglichkeiten, den Hund zu beschäftigen. Die Hauptsache ist, dass Mensch und Tier Spaß daran haben. Seien Sie also kreativ und beobachten Sie Ihren Hund. Überlegen Sie, welches vom Hund selbstständig gezeigte Verhalten Ihnen besonders gefällt. Dies clicken Sie und führen ein Sicht- und Hörzeichen dazu ein.

Schütteln auf Kommando

Sie gehen mit Ihrem Hund baden. Er kommt aus dem Wasser und schüttelt sich. Clicken Sie, während er sich schüttelt. Wiederholen Sie dies mehrmals. Dann sagen Sie z. B. SCHÜTTEL-SCHÜTTEL und kitzeln Sie ihn dazu am Ohr. Mit etwas Geduld lernt er bald, was Sie von ihm erwarten, wenn Sie SCHÜTTEL-SCHÜTTEL sagen und das Ohr kitzeln. Die Übung ist im Alltag nützlich. Stellen Sie sich vor, es regnet und Sie wollen, dass er sich schüttelt, bevor Sie ins Haus gehen. Gut, wenn er dies dann auf Kommando macht, vor allem bei langhaarigen Hunden.

Rutewedeln auf Kommando

Sie clicken während Ihr Hund wedelt und führen ein Kommando dazu ein, zum Beispiel HUNGER? Er lernt auf das Kommando HUNGER zu wedeln. Natürlich können Sie auch ein anderes Wort dafür auswählen.

„Schäm dich" auf Kommando

Das kennen Sie bestimmt: Der Hund liegt auf dem Rücken, wälzt sich vergnügt und reibt sich die Augen. Clicken Sie und führen Sie SCHÄM DICH dazu ein.

Slalom durch die Beine

Sie stellen sich mit gegrätschten Beinen hin. Locken Sie Ihren Hund mit Leckerchen oder Spielzeug so durch Ihre Beine, dass er eine Acht läuft. Clicken Sie, während er durch Ihre Beine geht. Sagen Sie dazu z. B. DURCH. Klappt das, machen Sie einen großen Schritt, zeigen Sie mit der Hand die Richtung und sagen Sie DURCH. 4 C ♥ folgen. Dann machen Sie den nächsten großen Schritt und clicken, sobald er durch Ihre Beine

Während Othello sich schüttelt, wird er geclickt.

Mit diesen Übungen beschäftigen Sie Ihren Hund auch zu Hause.

geht. Schon bald hat er gelernt, durch die großen Schritte im Slalom zu gehen.

SMART — Zeit zum Lernen geben

› **Trainieren Sie** nicht alle Übungen auf einmal, sondern nehmen Sie sich nur bestimmte vor.
› **Überfordern Sie** Ihren Hund nicht, sonst verlieren Sie und der Vierbeiner die Lust und nichts funktioniert mehr. Trainieren Sie jede Übung Schritt für Schritt – in aller Ruhe.

Drehung um jedes Bein

Ist Ihr Hund sehr groß und passt nicht durch die Beine, lehren Sie ihn, um jedes Bein eine ganze Drehung zu machen. Zeigen Sie mit der Hand die Richtung und sagen Sie z. B. RUM dazu. Schon richtige Ansätze clicken und belohnen. Sie stehen nach jedem Schritt immer auf einem Bein. Er lernt, jedes Bein zu umkreisen, wenn Sie wie ein Storch dastehen.

Pfoten abwechselnd heben

Ist Ihr Hund auf Sie konzentriert, können Sie ihn durch „Vorturnen" zur Nachahmung animieren. Er sitzt vor Ihnen, Sie berühren sein linkes Bein mit Ihrem rechten Fuß, heben dann den rechten Fuß und die rechte Hand etwas an (Seite 17). Bald wird er Ihre Bewegung nachmachen und die Pfote heben: ▲ C ♥. Dann trainieren Sie dies mit der anderen Pfote. ●

Allerlei Lustiges

VORAN mit Hinlegen (VPG) (OB)

Im Hundesport hat sich der Vierbeiner auf Kommando VORAN in schneller Gangart geradlinig zu entfernen. Auf Kommando PLATZ hat er sich hinzulegen. Ob Sie Hundsport betreiben oder nicht, mit dieser Übung können Sie Ihren Hund geistig und körperlich beschäftigen. VORAN ist ohne großen Aufwand zu erlernen und macht den Hunden viel Spaß.

Dose als Hilfsmittel

Als Triebziel (Motivationshilfe) bietet z. B. eine kleine Dose (4 × 4 cm) an, die mit besonders attraktiven Leckerchen gefüllt ist. Verwenden Sie diese Dose nur für die VORAN-Übung. Der Hund lernt schrittweise, die Leckerchendose mit VORAN zu verknüpfen.
▸ **Erster Schritt:** „Dose ist toll." Zeigen Sie dem Hund die Dose, öffnen Sie sie kurz und lassen Sie ihn daran riechen. So bekommt er richtig Lust auf die Dose und den leckeren Inhalt.
▸ **Zweiter Schritt:** Die Dose geht auf, wenn der Hund im Platz liegt. Halten Sie die Dose in der Hand auf dem Boden. Das Sichtzeichen kennt er vom PLATZ. Sobald er liegt: clicken, Dose öffnen und ein Leckerchen geben.
▸ **Dritter Schritt:** Hilfsperson mit Dose. Halten Sie Ihren Hund bei sich. Eine Hilfsperson ist einige Schritte entfernt, macht sich mit der Dose interessant, legt sie ab und geht zur Seite. Sie lassen Ihren Hund los, er rennt zur Dose. Das Hinrennen können Sie schon clicken.

Auf Ihr Kommando PLATZ legt er sich an der Dose hin. Sie gehen sofort zu ihm, öffnen die Dose am Boden und belohnen ihn. Beim nächsten Mal rennt er wieder zur Dose und legt sich auf Ihr Kommando PLATZ aus der Distanz hin. Clicken Sie das Hinlegen. Gehen Sie zum Hund und belohnen Sie ihn.

Sicht- und Hörzeichen einführen

Wenn der Hund starten soll, sagen Sie VORAN und zeigen gleichzeitig mit dem linken Arm in die Richtung, in die er laufen soll (zur Dose).
▸ **Ohne Hilfsperson:** Gehen Sie mit Ihrem Hund bei Fuß. Legen Sie die Dose für ihn sichtbar ab und gehen einige Schritte weiter. Mit VORAN schicken Sie ihn zur Dose. Auf PLATZ legt er sich hin, 🌱 C ♥ folgen. Damit der Hund die Dose nicht aufnehmen kann, befestigen Sie sie mit einem Hering im Boden. Er soll lernen: Nur wenn er an der Dose liegt, gibt es ein Leckerchen. Variieren Sie die Distanz zur Dose, damit die Übung interessant bleibt.

Paula lernt VORAN, zuerst mit einer Hilfsperson.

Variante aus dem Obedience

▸ **VORAN schicken in die Box.** Vier Hütchen bilden ein Quadrat in der Größe von drei mal drei Meter, die so genannte Box.
▸ **Sie sind einige Meter** von der Box entfernt und der Hund steht neben Ihnen in der Grundstellung. Trainieren Sie wie oben beschrieben am besten zuerst mit einer Hilfsperson, das ist einfacher.

Für Fortgeschrittene

VORAN ohne Hilfsmittel (VPG) (OB)
› **Egal ob Sie** den Hund in eine Box oder auf eine Strecke voranschicken, jetzt liegt keine Dose mehr dort.
› **Aufgrund der** Erwartungshaltung (dort die Dose vorzufinden) wird er auf VORAN starten.
› **Auf Kommando PLATZ** legt er sich hin, es folgen auch hier 🌲 C 🕒 ♥.
› **Damit die** Erwartungshaltung des Hundes wach gehalten wird, sollten Sie diese Übung, auch wenn Ihr Hund sie schon gut kann, meistens mit Dose trainieren.

Um die Übung ganz korrekt zu zeigen, müsste Paula in der Mitte der Box abliegen.

▸ **Die Hilfsperson** geht in die Box, zeigt dem Hund die Dose, legt sie in der Mitte ab und entfernt sich wieder.
▸ **Auf VORAN** rennt der Hund los, auf PLATZ legt er sich hin, 🌲 C 🕒 ♥ folgen. Wenn das gut funktioniert, geht es auch ohne Hilfsperson.
▸ **Lassen Sie den Hund** neben sich absitzen und bringen Sie selbst die Dose in die Box. Gehen Sie zurück zum Hund in die Grundstellung. Auf Kommando VORAN startet er los, rennt in die Box zur Dose. Dort legt er sich auf Kommando PLATZ hin. Richtige Aktionen clicken und belohnen.
▸ **Wenn das gut klappt,** können Sie die Dose in den Boden drücken, damit er sie nicht sieht. Schicken Sie den Hund wie gehabt VORAN. Er ist auf VORAN so konditioniert, dass er die Dose erwartet. ●

VORAN mit Hinlegen

54 | Alltag mit dem Clicker

Dinge tragen

Es liegt in der Natur des Hundes, dass er Dinge schon vom Welpenalter an trägt. Es macht ihm einfach Spaß, seine „Beute" wegzutragen und in Sicherheit zu bringen. Dies können Sie prima für das Training nutzen. Clicken Sie immer während er etwas trägt, bevor er es fallen lässt.

Othello, die Gartenhilfe, er trägt die Gießkanne.

Dinge tragen spielerisch fördern

Sie spielen Beutestreiten mit Ihrem Hund und überlassen ihm das Spielzeug. Er wird seine „Beute" dann stolz herumtragen. Wenn Sie ihm hinterherrennen, wird er schneller weglaufen. Rennen Sie allerdings in genau die andere Richtung, wird er Ihnen mit dem Spielzeug im Fang folgen. Denn er hat gelernt, dass das lustige Spiel nur nahe bei Ihnen weitergeht. Greifen Sie dann wieder zum Spielzeug, zerren Sie erneut mit dem Hund, aber nur kurz. Verharren Sie: Spiel und Stopp!

▸ **Gibt der Hund** das Spielzeug von alleine AUS, lassen Sie ihn als Belohnung dafür gleich wieder hineinbeißen. Dann verharren Sie wieder und sagen freundlich AUS dazu. Jetzt rennen Sie eine kurze Distanz mit dem Spielzeug weg.

▸ **Bei diesem Wechselspiel** fördern Sie nicht nur das Tragen, er lernt gleichzeitig das stressfreie AUS-Geben. Denn das Spiel geht ja nur weiter, wenn er die „Beute" bereitwillig AUS-gibt.

Erste Schritte zum Apport: BRINGS

Wenn der Hund mit Tragen an der Reihe ist, sagen Sie dazu BRINGS. Dies sind schon die ersten Schritte zum Apport.

▸ **Kommt er Ihnen** mit seinem Gegenstand nicht hinterher, trainieren Sie das Spielen und Tragen wie oben beschrieben, allerdings mit dem angeleinten Hund.

▸ **Hat er jedoch** Spaß am Tragen gefunden, wird er sich schon bald von alleine anbieten, Dinge zu tragen. Sie clicken immer, während er trägt. Leckerchen gibt es nach dem AUS-Geben.

▸ **Versuchen Sie jetzt,** ihm zum Beispiel eine Zeitung in den Fang zu geben. Sagen Sie BRINGS und clicken Sie, sobald er die Zeitung ins Maul nimmt. Klappt das, gehen Sie ein paar Schritte von ihm weg, während er die Zeitung im Fang hat. Clicken Sie das Tragen.

▸ **Achten Sie auf das Timing:** Damit die Zeitung nicht auf den Boden fällt, nehmen Sie Ihre Hand rechtzeitig unter die Zeitung – bevor er sie von alleine fallen lässt.

▸ **BRINGS** können Sie mit verschiedenen Dingen üben: z. B. Zeitung, Holzstock, Handschuh, Spielzeug, Gießkanne, Besen, Wäschestück. Sehr gut eignet sich auch ein Fressbeutel, der aussieht wie ein stabiles Mäppchen (ca. 20 cm lang, 8 cm Durchmesser, mit Reißverschluss) und mit Leckerchen gefüllt ist. Sie können damit toll mit dem Hund spielen. An das Futter kommt er aber nur durch Sie, wenn Sie es öffnen.

Geben Sie Ihrem Hund im Alltag Aufgaben, so lernt er spielerisch.

SMART — Wichtig beim Tragen

› **Der Hund lernt,** dass er nur Click und Leckerchen bekommt, wenn er den Gegenstand trägt, nicht wenn er ihn fallen lässt.

› **Wenn Sie ihm** beim Aufnehmen helfen, lernt er genau das Gegenteil: „Ich trage, so lange ich Lust habe, lass es irgendwann fallen, Frauchen bückt sich und weiter geht es."

› **Wenn der Hund** den Gegenstand nicht mehr aufnehmen will, ist das Spiel beendet und Sie packen das Spielzeug weg. Besser ist, Sie beenden das Spiel, bevor er keine Lust mehr hat.

Aufnehmen

Wenn das Tragen gut funktioniert, lehren Sie Ihren Hund das Aufnehmen.

▸ **Halten Sie Ihren Hund** bei sich. Zeigen ihm den Gegenstand, den er am liebsten trägt. Legen Sie den Gegenstand einen Meter weit weg. Lassen Sie den Hund los und sagen dazu BRINGS. Sobald er den Gegenstand aufnimmt, clicken Sie.

▸ **Hat er den Gegenstand** einige Schritte weit getragen, halten Sie wieder Ihre Hand darunter, sagen dazu ein freundliches AUS, C ♥ folgen.

▸ **Dies üben Sie** in sämtlichen Situationen und mit verschiedenen Gegenständen. Sollte Ihr Hund den Gegenstand doch einmal verfrüht fallen lassen, sagen Sie nochmals BRINGS. Nimmt er ihn wieder auf, clicken Sie. ●

Dinge tragen

Koffer bringen

Nun können Sie die Apportierübung vervollständigen. Ihr Hund hat mit BRINGS das Aufnehmen und Tragen gelernt, ohne den Gegenstand fallenzulassen. Um die Übung perfekt zu machen, lehren Sie ihn noch einen Schritt zusätzlich: Er soll mit dem Gegenstand im Fang vorsitzen und so lange halten, bis Sie AUS sagen. Voraussetzung: Er hat Lust auf den Gegenstand. Nehmen Sie zuerst einen Gegenstand, der dem Fressbeutel ähnelt (Seite 55), z. B. einen alten Geldbeutel, ein Mäppchen oder einen kleiner Koffer, gefüllt mit Leckerchen.

Koffer apportieren

Zeigen Sie Ihrem Hund den offenen, mit Futter gefüllten Koffer. Schließen Sie dann den Koffer. Lassen Sie Ihren Hund vor sich absitzen. Geben Sie ihm den Koffer in den Fang und sagen Sie dazu BRINGS. Ihr Hund weiß inzwischen, BRINGS heißt festhalten und tragen, Leckerchen gibt es dann in Ihrer Nähe.

▸ **Während der Hund** mit dem Koffer im Fang vorsitzt, clicken Sie. Nehmen Sie Ihre Hand unter den Koffer, sagen Sie freundlich AUS, öffnen Sie sofort den Koffer und geben Sie ihm ein Leckerchen. Dies wiederholen Sie einige Male.

▸ **Stellen Sie jetzt** den Koffer einen Meter vor dem Hund ab. Auf BRINGS nimmt er den Koffer auf und dreht sich zu Ihnen um, weil er weiß, dass der Koffer nur durch Sie geöffnet wird. Sitzt er gleich vor, clicken Sie und sagen freundlich AUS, öffnen sofort den Koffer und belohnen den Hund für seine Leistung.

▸ **Steht der Hund** mit dem Koffer im Fang, sagen Sie SITZ. 🌲 🖱️ ❤️ folgen.

▸ **Lässt er** den Koffer fallen, wiederholen Sie BRINGS und SITZ. Mit etwas Geduld lernt der Hund das schnell. Machen Sie aber nicht den Fehler, den Koffer aufzuheben, dann wäre die ganze Mühe für die Katz gewesen. Ab jetzt belohnen Sie den Hund nur noch, wenn er mit dem Apportier-Gegenstand im Fang vorsitzt.

Nächster Schritt:
Apportier-Gegenstand im Vorsitz halten.

▸ **Legen Sie den Apportier-**Gegenstand einige Meter vom Hund entfernt weg. Auf BRINGS läuft der Hund los, nimmt den Gegenstand auf, kommt zu Ihnen zurück und sitzt vor. Warten Sie kurz, dann clicken Sie für das Halten. Erst dann sagen Sie AUS. 🖱️ ❤️ folgen. Überreizen Sie die Zeit des Haltens nicht, denn dies würde den Hund zu sehr zum Knautschen oder Fallenlassen des Gegenstandes verleiten.

Mit vier Monaten trägt Othello mit Begeisterung seinen Koffer.

Aus Tragen und Aufnehmen wird Bringen und Vorsitzen. Dann kommt die Belohnung.

Letzter Schritt:
Erst wenn alle Vorübungen ganz sicher klappen.
▸ Sie werfen den Apportier-Gegenstand weg. Der Hund ist in der Grundstellung, auf Kommando BRINGS soll er schnell zum Gegenstand laufen, aufnehmen, im gleichen Tempo zurückkommen und vorsitzen. Auf Kommando AUS gibt der Hund den Gegenstand aus. Auf Kommando FUSS wechselt er in die Grundstellung über.
▸ Diese Übung heißt im Hundesport „Apport auf der Ebene" (VPG) (OB).
▸ Für den Hund ist das Laufen zum Gegenstand einfach (Hinlaufen zur Beute). Zurückkommen und Vorsitzen mit Abgeben auf Kommando sind viel schwieriger. Deshalb hat er das schon vorher gelernt. Er weiß, dass es die Belohnung nur bei Ihnen gibt. Der letzte Schritt, das Wegwerfen, ist jetzt ein Kinderspiel.

SMART
Wichtig bei der Apportierübung

- **Clicken Sie** das Aufnehmen, Vorsitzen oder Halten.
- **Belohnen Sie** den Hund ausgiebig.
- **Variieren Sie** die Gegenstände.
- **Verlangen Sie** nicht immer die komplette Übung, auch wenn Ihr Hund sie schon gut kann.
- **Lassen Sie** Ihren Hund immer wieder einfach etwas Geeignetes tragen. Dann wird er bei der Übung immer sicherer.

Koffer bringen

SPEZIAL | 58 | Alltag mit dem Clicker

Apport über die Hürde (VPG) (OB)

Dies ist im Hundesport sicherlich die komplexeste Übung. Die gesamte Übung setzt sich aus anderen, schon geübten Bausteinen wie ein Puzzle zusammen und bietet Ihnen unendliche Möglichkeiten.

Für diese Übung werden „Apport auf der Ebene" und den „Hin- und Rücksprung" kombiniert. Als Apportiergegenstand wird ein Bringholz verwendet. Üben Sie das Werfen des Bringholzes zuerst ohne den Hund, damit Sie es relativ gezielt über ca. zehn Meter werfen können.

▶ **1. Schritt:** Lassen Sie Ihren Hund vorsitzen, das Bringholz halten, ▲C♥ folgen. Tragen üben: Bringholz werfen, Kommando BRINGS, er nimmt auf, jetzt clicken, er kommt zurück und sitzt vor. Nach AUS folgen ▲C♥.

▶ **2. Schritt:** Springen Sie mit ihm zusammen hin und zurück über die Hürde. Sagen Sie zum Sprung HOPP. Geben Sie ihm das Bringholz in den Fang und springen mit ihm hin und zurück.

▶ **3. Schritt:** Der Hund sitzt auf einer Seite der Hürde, Bringholz im Fang. Sie rufen ihn von der anderen Seite mit BRINGS. Sobald er springt, clicken Sie, er kommt zu Ihnen in den Vorsitz. Nach AUS folgen C♥.

◀ **Die Übung am Stück:** Der Hund sitzt neben dem Hundeführer in der Grundstellung etwa fünf Meter vor der Hürde. Sie werfen das Bringholz über die Hürde, sodass es etwa fünf Meter dahinter landet. Erst auf Ihr Kommando HOPP darf der Hund starten. Sollte er einen Frühstart hinlegen, sagen Sie beim nächsten Versuch während des Werfens SITZ. Bleibt der Hund jetzt sitzen, folgen ▲C♥. Stellen Sie die Hürde nicht zu hoch ein, da dies keine Hochsprungübung ist. Hier geht es darum, dem Vierbeiner das „saubere" Apportieren beizubringen.

② ▲ HOPP und Aufnehmen Auf Kommando HOPP startet der Hund und zeigt den Hinsprung. Während des Hinsprungs sagen Sie BRINGS. Er läuft zum Bringholz, nimmt es auf. Jetzt clicken. So bestätigen Sie das Aufnehmen.

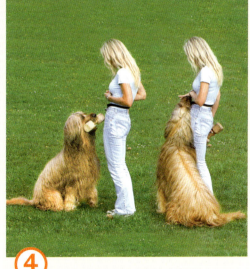

③ ▲ Rücksprung Der Hund springt zurück. Wenn Sie den Rücksprung bestätigen wollen, müssen Sie jetzt clicken. Sie sollten sich vor Beginn der Übung überlegen, welchen Teil Sie clicken möchten.

④ ▲ Vorsitz und Grundsitz Der Hund sitzt mit dem Bringholz im Fang vor. Wollen Sie das Halten bestätigen, clicken Sie, während er das Holz ruhig hält. Auf AUS gibt er das Bringholz ab, es folgen 🇨 ♥. Auf FUSS wechselt er in die Grundstellung über, denn bekanntlich beginnt und endet jede Übung damit. Geschafft. Gratulation!
Belohnen Sie Ihren Hund ausgiebig für seine Leistung.

Apport über Hürde

Infoecke

Literatur/Video

▶ **Aldington, E.H.W.: Von der Seele des Hundes.** Verlag Gollwitzer, Weiden 1986. 11. Auflage 2003.

▶ **Del Amo, C.: Welpenschule.** Verlag Eugen Ulmer, Stuttgart 2000.

▶ **Fennell, J.: Mit Hunden sprechen.** Verlag Ullstein, München 4. Aufl. 2004.

▶ **Ohl, F.: Körpersprache des Hundes.** Verlag Eugen Ulmer, Stuttgart 2004.

▶ **Trumler, E.: Mit dem Hund auf du.** Piper, München 2002.

▶ **Trumler, E.: Trumlers Ratgeber für den Hundefreund.** Piper, München 2003.

Zu empfehlende Videos

▶ **Rugaas, T.: Calming Signals.** Verlag ANIMAL LEARN, 2002.

▶ **Lind, E.: Hunde spielend motivieren.** Video-Produktion Ratfels, A- Seekirchen, 1998.

Making Of

▶ **Die Autorin** Monika Sinner ist seit Jahren mit ihrem Briard Othello erfolgreich im Hundesport und im Zuchtwesen. Aufgrund vieler Anfragen und ihrer Liebe zu Hunden, gibt sie ihr Wissen und ihre Erfahrung in Ausbildungskursen individuell weiter.

▶ **Die Fotografin** Regina Kuhn ist freischaffende Fotodesignerin und Autorin mit jahrelanger Erfahrung in der Fotografie von Tieren.

▶ **Der Verlag, die Autorin und die Fotografin** danken für die freundliche Unterstützung bei den Fotoaufnahmen den Models: Claudia mit Paula, Angelika mit Mischa, Marina mit Shari, Steffi mit Lilly, Anja mit Prisca, Marianne, Martin und Hannes.
Dem Schäferhundeverein Schönaich für die Überlassung des Hundeplatzes.
Frau Vogt für die kritische Durchsicht.
Und Trixie Heimtierbedarf, Tarp.

▶ **Dank** Mein allergrößter Dank gilt meinem wunderbaren Hund: Champion Iwan „OTHELLO" vom Tailleur. Seine Ausbildung: Schutzhund 3 (VPG 3), Fährtenhund 2 und Rettungshund 1. Ebenso ist er ein sehr erfolgreicher Ausstellungshund und Deckrüde. Er ist das Beste, was ich habe ... ein Herz mit Haaren drumrum.

Bildquellen

▸ Die Fotos Seite 56 und 59 oben links stammen von der Autorin, alle anderen und das Titelbild von Regina Kuhn.

Impressum

Bibliografische Information der Deutschen Bibliothek
Die Deutsche Bibliothek verzeichnet diese Publikation in der Deutschen Nationalbibliografie; detaillierte bibliografische Daten sind im Internet über http://dnb.ddb.de abrufbar.

Das Werk einschließlich aller seiner Teile ist urheberrechtlich geschützt. Jede Verwertung außerhalb der engen Grenzen des Urheberrechtsgesetzes ist ohne Zustimmung des Verlages unzulässig und strafbar. Das gilt insbesondere für Vervielfältigungen, Übersetzungen, Mikroverfilmungen und die Einspeicherung und Verarbeitung in elektronischen Systemen.
© 2006 Eugen Ulmer KG
Wollgrasweg 41, 70599
Stuttgart (Hohenheim)
E-Mail: info@ulmer.de
Internet: www.ulmer.de
Lektorat: Dr. E.-M. Götz
Redaktionelle Bearbeitung: textory mediaService
Umschlag- und Innengestaltung: X-Design, München
DTP: juhu media, Susanne Dölz, Bad Vilbel
Druck und Bindung: Litotipografia-editrice Alcione, Trento
Printed in Italy
ISBN-13: 978-3-8001-5159-2
ISBN-10: 3-8001-5159-6

Internet

▸ www.vdh.de
VDH Verband für deutsches Hundewesen e.V. Dortmund

(Hinweis: Der Verlag Eugen Ulmer ist nicht verantwortlich für den Inhalt von Links.)

Haftung

Für Ihr Heimtier tragen Sie selbst die Verantwortung. Die in diesem Buch enthaltenen Empfehlungen und Angaben sind vom Autor mit großer Sorgfalt zusammengestellt und geprüft worden. Eine Garantie für die Richtigkeit der Angaben kann aber nicht gegeben werden. Der Autor und der Verlag übernehmen keinerlei Haftung für Schäden und Unfälle.

Infoecke

Register

(A) 26
Ablage 36 f., 40
Ablenkung 18 f.,19, 26 f., 28 f., 32 f., 36 ff., 41
Abrufen mit HIER 34 f.
Absichern 32 f.
Achter gehen 28 f., 30 f.
Agility 26, 40
Aufnehmen 54 ff.
Apportieren 54 ff.
Aufmerksamkeit 18 f.
AUS 10 f., 54 ff.
Auto 46 f.

Begegnungen an der Leine 44 f.
Begrüßung 48
Begleithundprüfung 26
BEI MIR 28 f.
Bellen 8 f., 48 f.
Beschwichtigungs-signale 20 f.
(BH) 26
Bindung 2, 10 f.
BLEIB 26 f., 32 f., 36 f.
Boss-Frage 10 f.
Bringholz 4, 58 f.
BRINGS 54 ff.

Clicker 8 f., 12 ff.

Dinge tragen 54 f.
Distanzkontrolle 12 f.
DRAUF, DRÜBER, DURCH 40 f.
Drehung um jedes Bein 50 f.

Erfolg 2

Futterspiele 64

Freigabe 12 f., 44 f.
Freifolge 28 f.
Fressbeutel 54 f.
FUSS 28 f.

Gassi gehen 10 f., 44 f.
Gäste 48 f.
GEH DRAUF 22 f.
Gehorsamsübungen 26 ff.
Grundausbildung 26 ff.
Grundstellung 26 f., 34 f.,52 f., 56ff.

Halten 56 f.
Halti 44 f.
HIER 34 f.
Hilfsmittel 4, 52 f.
Hilfsperson 14 f., 36 f., 46 ff., 52 f.
Hin- und Rücksprung 40 f., 58 f.
Hochsehen 16 f., 26 f.
Hochspringen 48 f.
Hörzeichen 20 f.
HOPP 40 f., 58 f.
Hürde 40 f., 58 f.
Hundesprache 20 f., 64
Hütchentraining 30 f., 40 f.

Jackpot 14 f.
Jogger 44 f.

Kehrtwende 30 f.
KOMM 8 f., 14 f., 44 f.
Kommando 22 f.
Konsequenz 4, 8f f., 22 f.
Konditionieren 16 f.
Konzentration 12 f.
Körperhaltung 20 f.
Koffer bringen 56 f.
Korrigieren 8 f.

Lange Leine 44 f.
Leckerchen 14ff.
LEG DICH HIN 22 f., 32 f.
Leine ziehen 44 f.
Leinenführigkeit 28 f.
Leitkommando 22 f.
Loben 12 f.
Lobverstärker 4, 14 f.

Mensch 10 f.
Mensch-Hund-Team 2
Motivation 10 f., 22 f.

Nachlaufen 26 f., 32 f., 36 f.
Neues lernen 22 f.

(OB) 26
Obedience 52 f.
On tour 46 f.

PLATZ 20 f., 32 f.
PLUMPS 22 f.
Pfote heben 50 f.
Pirouette 22 f.
Pylonen 28 f.

Radfahrer 44 f.
Rangordnung 10 f.
Reifen springen 40 f.
Rute 20 f.
Rute wedeln auf Kommando 50 f.

Schäm Dich 50 f.
Schütteln 50 f.
Schwierigkeitsgrad steigern 18 f., 26 ff., 32 f., 38 ff.
Sichtzeichen 20 f.
Sieh mich an 26 f.

Signalgeber 8 f.
SITZ 20 f., 26 f.
SITZ, PLATZ, STEH im Wechsel 38 f.
Slalom durch die Beine 50 f.
Sozialkontakte 10 f.
Spaßpark 40 f.
Spiel 10 f., 19, 54 f.
STEH 20 f., 38 f.
STEH AUF 22 f., 38 f.

Timing 12 ff.
Tisch 40 f.
Training gestalten 18 f.
Treppe 22 f.
Tunnel 40 f.

Umfeld 18 f.
Unterordnung 36 f., 40 f.

Variieren 28ff.
Verhaltensforschung 4
Verknüpfen 8 f., 16 ff.
Verständigung 20 f.
Vielseitigkeitsprüfung 26
VORAN mit Platz 52 f.
Vorsitz 26 f., 34 f., 56 ff.
(VPG) 26

Wedeln 50 f.
Wenden 30 f.
Wiedererkennungswert 12 f.

Zu Hause 48 f.
Zuneigung 10 f.
Zukunftsvorteil 12 f.
Zwangserziehung 4

Hunde verstehen lernen.

Wer kennt nicht das mulmige Gefühl, wenn ein ihm unbekannter Hund den Weg kreuzt und das Nackenfell sträubt? Dabei signalisieren Hunde in der Regel sehr deutlich, was in ihnen vorgeht. Dieses Buch macht mit ihrem Ausdrucksverhalten vertraut und gibt **Tipps zum richtigen Verhalten**. Zeichnungen veranschaulichen die Elemente der Körpersprache. Die zur Verständigung eingesetzten Körperteile sind hervorgehoben.

Die Körpersprache des Hundes.
F. Ohl. 1999. 111 S., 57 Farbf., 22 Zeichn., geb.
ISBN 3-8001-7445-6.

Ganz nah dran.

SPEZIAL

Kluge Tipps für SMART-KIDS
Schlaue Extras

Wir Menschen sprechen verschiedene Sprachen. Hunde sprechen ihre Sprache, die Hundesprache. Sie ist überall auf der Welt gleich.

Die Hundesprache besteht aus vielen Zeichen und Signalen, die die Tiere mit Körper, Ohren, Rute, Gesicht und Tönen aussenden. Wenn du mit einem Hund zusammenlebst, solltest du Einiges über seine Sprache wissen. Denn viele Gesten, die wir Menschen im Alltag verwenden, bedeuten für den Hund etwas ganz anderes. Damit es nicht zu Missverständnissen kommt, gibt es einige Regeln:
Kein Hund kann es leiden, wenn man direkt und schnell auf ihn zuläuft, denn auf ihn